U0079260

關鍵說話術：

Negotiation

成為談判高手必學的白金法則

前言

什麼是談判？

談判專家在整個談判過程中所使用的思考模式、分析準備、執行策略和普通人是不一樣的，有些甚至是背道而馳的。但令人驚訝的是他們往往能夠在最危難，甚至是最無望的時候力挽狂瀾。在談判過程中，他們能夠使己方的利益被各種技巧和策略逐漸挖掘、放大，儘管妥協卻又維護尊嚴、不失體面，迫使對方讓利卻又能夠建立、保持長久合作關係。這就是談判的精髓！

我們是否需要談判？

如果能夠正確掌握談判中化解危機的方法，我們就能夠以輕鬆的態度面對這些讓人苦惱的問題，取得理想的效果。這一原則可以適用於生活中的各個方面，無論是國際經濟洽談、企業商務合作、企業行銷管理、品牌形象公關，還是生活中的民事糾紛、消費購物、人際說服，等等。只要我們需要和別人交際，並且想要透過說服他人，滿足自己的利益，我們就一定需要談判！

如何更好地談判？

談判最好的結果是雙贏，但是要達到這樣的效果並不容易，因為在談判過程中，我們可能會遇到一些問題——文化的差異、可能出現的法律糾紛、多方參與的複雜因素、談判雙方強烈的敵對情緒，等等。這些因素都可能讓談判陷入僵局。

而我們要做的就是無論如何都要將這種難以繼續的對話堅持下去，並有效溝通。有問題就會有相應的解決方案。本書涉及很多談判策略、技巧，這些策略和技巧能夠讓我們更便捷地提出解決問題的方案。但是談判的時候，解決問題的關鍵並不在於我們是否積極地尋找破解它的方案，而在於我們是否有一個正確的方向和靈活的思考方式。因為談判過程中有些問題出乎我們的意料，所以，思考分析、研究準備、有效執行是一個成功談判的必經之路。

本書的最大價值，就是不僅讓每一位讀者都能夠學習到最經典的談判技巧，還能夠在學習的過程中理解並有效實踐。希望這本書能夠幫助大家解決身邊的問題和危機！

目錄

Chapter 1 談判無時不有，無處不在

Chapter 2

輕立場，重利益

目錄

Chapter 3

左右談判的時間

Negotiation

Chapter 4
理性之外的談判

目錄

Chapter 5

各種情況下的談判

Negotiation

Negotiation

Chapter 1

談判無時不有，無處不在

談判是協調利益、建立關係的過程

在生活中，談判不僅僅是商務人士的事，也不僅僅是處理危機的手段。談判是無處不在的，無論什麼時候，當你和另一個人面對面地討論一件事情的時候，談判就可能已經悄然地發生了。這個時候，如果你沒有技巧，或被情緒影響，或越談越極端，那麼就有可能落於下風。

現實社會其實就是一個大談判桌，談判的事物可大可小，大到解決國際爭端，小到協調人際關係，生活中的一切都需借助談判。你看中了一間房子，而賣家卻意外的棘手，他咬著自己的高價不放鬆，而你又想用儘量低廉的價格從對方的手中獲取自己的所愛，這就需要談判；你發生了一起交通意外，這時你和對方都想盡可能避開最大的責任，獲得相應的利益補償，這也需要談判；你在公司待了五年，覺得自己應該獲得與勞動相應的報酬，你去找老闆提加薪的事，這仍然需要談判。

哈佛談判小組所著的《談判力》中認為，每個人每天都要與別人進行談判，比如，你會問你的愛人「親愛的，我們去哪裡吃飯……」或者，你會對你的孩子說「寶貝，我覺得現在是你關燈睡覺的時間了……」談判是從別人那裡獲取自己所需的一個基本途徑，是與談判對象存在相同或不同利益時尋求解決方案的交流過程。

談判的內容極其廣泛，很難用一兩句話準確、充分地表達談判的全部內涵，所以，要給談判下一個準確的定義，並不是件容易的事情。談判有廣義與狹義之分，廣義的談判是指除正式場合下的談判外的一切協商、交涉、商量、磋商，等等。狹義的談判僅僅指正式場合下的談判。我們可以提取一些比較明顯的特徵，來初步認知一下談判的概念。

一、談判是兩方以上的交際活動

當談判參與方想從對方手上獲得自己所需，並為此而努力進行協商、辯論、試圖說服對方的時候，談判才能夠成立。比如，商品交換中買方賣方的談判，只有買方或者只有賣方時，談判不可能進行；當賣方不能提供買方需要的產品時，或者買方完全沒有可能購買賣方的產品時，也不會存在談判。

二、談判是一種協調行為的過程

談判的開始意味著某種需求希望得到滿足、某個問題需要解決或某方面的社會關係出了問題。由於談判參與方的觀點、立場、利益不一樣，所以，他們之間勢必會產生衝突和矛盾，但是為了讓談話能夠和平地進行下去，為了找到一個利益共同點，進而滿足各自的要求，參與方就不得不相互協調。解決問題、協調矛盾，不可能一蹴而就，總需要一個過程，這個過程往往隨著新問題、新矛盾的出現而不斷重複。

三、談判也與建立或改善人們的社會關係有關

社會是一個複雜的關係網，就商業活動來說，買方和賣方看似是簡單的商品交易行為，但實際上是買方與賣方之間的關係建立與改善的結果。簡單些說，當兩家公司之間有良好的信任關係，他們的談判往往比較順利。這也就是為什麼很多公司進行商業談判的時候，會在一開始儘量避免直接衝突，而是與對方建立良好的關係。

人是感性動物，微妙的情緒、情感有可能會影響到一件事的結果，所以，很多願意長久合作的商家，都會在談判中建立或改善彼此的關係，促成談判的成功，同時，這種關係又為下一次談判建立了良好的基礎。

四、利益是談判的核心點

談判者的目標就是滿足自己的利益和需求，這是人們進行談判的動機，也是談判產生的原因。你和路邊攤的小販討價還價，是為了用最低的價錢買到心儀的商品，但是小販希望賣一個好價錢。你們都有需要，你需要商品，他需要貨幣，但是在錢這個利益上有不同的立場，所以，你們要為自己的利益辯護，要說服對方。

這裡，交換意見、改變關係、尋求同意都是人們的需要。這些需要來自人們想滿足自己的某種利益，這些利益包含的內容非常廣泛：有物質的、精神的，有組織的、個人的等。當需要無法僅僅透過自身而需要他人的合作才能滿足時，就要借助談判的方式來實現，而且，需要越強烈，談判的要求越迫切。

綜上所述，我們認為談判是參與各方出於某種需要，在一定時空條件下，採取協調行為的過程。

談判有多種類型，此處有一些例子，使我們可以很清楚地看到談判的幾種類型。

一、商業談判

公司之間談判的動機通常是為了贏利。例如為滿足客戶需求而贏得一份合約；安排交貨與服務時間；就產品品質和價格達成一致意見。

二、法律談判

這類談判通常是正式的，並具有法律約束力。例如對事例的爭辯與討論主要問題一樣重要。遵守地方與國家的既定法規；與主管部門溝通（如反托拉斯機構）。

三、管理談判

這種談判涉及組織內部問題和員工之間的工作關係。例如商定薪水、合約條款和工作條件；界定工作角色和職責範圍；要求加班增加產出。

四、日常談判

這類談判主要用於人際關係的建立和改善。例如夫妻協定性的對話；推銷人員的產品推銷。

♞

現代人十分注重自身的權利和利益，所以，衝突日益增多，需要談判的場合也越來越多。大家都希望自己不受束縛，能夠做自己想做的事情，做自己想做的決定，而不希望唯別人是從。但因為人與人之間的不同，我們需要用談判來消除分歧。不論是在商界、政界還是家庭中，人們更多的是透過談判來解決問題、做出決定。

談判是怎樣一個流程

談判是哈佛商學院每一個想成為優秀管理者的人都要學習的課程，能否以全優的成績結束這門課，不僅取決於最終「判」的結果，還包括對「談」的過程的考察，整體的效果才是藝術性的表現。

任何一次談判，都是談判者在做一個抉擇。然而一個優秀的談判專家絕不會忘記，坐在他對面的是另一個優秀的談判者，僵硬而無趣的討價還價非但不能博得對方好感，更對談判結果沒有益處。理解談判對手的利益至關重要，只有如此，你才可能使他做出你希望看到的選擇。

永遠記住，在邁出正確的第一步之前，先做到站穩深呼吸。在對方坐上談判桌旁邊之前，你一刻也不能閒，最好的談判者幾乎不給對手留一絲機會。因此在談判之前做足功課是非常重要的。

羅傑·費希爾和威廉·尤里在《取得談判成功》一書中說：「應該將個人置於談判之外。」要知道那意味著在談判桌上談判者需要將自己的情感放進收納箱，否則，相信等待你的將不止是對方的下馬威。

蹩腳的談判幾乎都會有共同的現象：各方都把精力用在不斷地捍衛、堅持自己的目標上，而不是共同達成於雙方都有利的解決方案。哈佛商學院的談判學首席教授詹姆斯．塞貝尼斯指出，談判成功的關鍵在於為雙方創造價值，這就必須瞭解談判對手的利益所在並影響其決策。

針對這個問題，有專家提出了「調查型談判」的解決方法，其精髓是：談判者必須拿出偵探勘查犯罪現場那樣的精神來展開工作，盡可能多掌握一些相關事件及人員的資訊。也許你會覺得有點誇張，但正是這樣的方式能夠幫助我們打破談判中的僵局，讓談判順利進行。

相比瞭解對手來說，另一件更難的事情是瞭解自己。如何評估自己的談判能力，有專家提出了一個衡量指標，那就是談判協議的最佳替代方案。這個方案也許可以理解為最壞的打算，最好的補救。這是在談判的準備過程中很重要卻又容易忽視的步驟：去找你的「談判協議的最佳替代方案」，一個淺顯的例子是，要求老闆升職前，為自己找到其他的工作機會，這將為你在與老闆談判時增加不少籌碼。

現場環境同樣起到至關重要的作用。相比簡單選擇自己的地盤，費希爾和布魯斯．巴頓提出的建議更靈活些：選擇既能符合自己的要求又讓對方感到舒服的地方，最好能有雙方都需要的檔案、活動掛圖、白色書寫板。

一切就緒，談判拉開帷幕之後，作為談判的參與者，你應該認識到，接下來你要進入一個戰術、策略與勇氣交織的戰場。然而，歐洲工商管理學院決策科學教授奧拉西奧・法爾考指出，真正掌握成功談判藝術即「價值談判」的人可謂寥寥無幾。

從一開始和對方接觸，就應該儘量與對方建立良好的人際關係。有很多談判者對這一點有疑問：「我嘗試過合作性雙贏談判策略，我想與對方建立夥伴關係。不過，對方把我當成敵人，他們咄咄逼人，所以我不得不與他們針鋒相對。」

在這一點上，法爾考認為，合作性雙贏談判策略可能更受人們的推崇。因為有些人天生不喜歡與人為敵，在商業環境中也是如此。

在談判過程中不可能完全剔除感情因素。更好的選擇是，利用情感建立友誼，以加快工作。「我相信你們也同樣希望這次會談有圓滿的結果」，這樣的話語對談判桌上的氣氛有積極作用。在建立互信並逐漸加強合作的基礎上，談判高手認為，要實現談判目標，爭取對方的真正認同遠比強迫對方勉強順從更為有效。

如果對自己的目標和能力有較大信心，可以透過在第一輪提議為談判定調，把最終結果提前定位在這個方向。關於主動性這方面，有一項有趣的研究測試：將相同的房產資訊發給若干仲介，仲介們拿到的資訊中唯一不同的是市場預期價格，結果是，拿到不同預期價格的仲介們分別給出了相對「適合」的報價。

但是如果對方沒有花時間搜集必要的資訊，或沒有想清楚他們的利益所在，那由己方來定調就最有效果。談判專家建議：如果不想被別人牽著走，就不要過分還價。

不能排除遇到卑鄙狡猾的對手這種情況，你要發怒然後大吵嗎？讀到這裡你應該能做出正確的選擇了，在就事論事並且不針對人的基礎上，發掘潛在的利益關係。而在話語方面，可以挑明對方的招數，然後建議繼續談判。

一旦出現可能簽約的跡象，要注意小心謹慎地循著這個方向收尾。大多數談判人員把透過談判而成功簽訂合約作為最終的目標，而不是作為一項合作專案的開始。現代社會的談判專家認為，公司及其談判人員必須從簽約式談判觀念向執行式談判觀念轉變，這就意味著為建立長期健康的合作關係鋪平道路。

但是尤里也建議，不要緊逼對方和催促自己。在最後一刻因為收尾的細節問題而導致失敗的例子雖然不多，卻也令人警醒。最好的交易並不是在談判桌上結束，而是從談判桌上開始。

♞ 競爭性談判固然好，合作精神更容易指向雙贏的完美結局，一個優秀的談判專家，會在談判之前準備充分，步步為營，掌控全域，關注細節，雙方在談判這場表演中攜手演出一台好劇，既是敵人，又是朋友，一場酣暢淋漓的談判結束後，那就談論一下好天氣吧！

談判目標的制定

無論什麼形式的談判，談判方都會對對方有所需求，也就是說，談判者都有自己的談判目標。談判的最高目標就是談判者最想要達到的理想化結果。

其實，在許多談判中，很少有談判者會有什麼特定的、具體的最高目標。例如，你要去買房子，你會希望房子的價錢越低越好，你甚至希望一美元就可以買下房子，當然，這是天方夜譚。我們的談判目標很多時候是建立在理想化的基礎上的，那不現實。所以，當我們說到最高目標時，應該是建立在現實的、可實現的估價基礎上的。

哈佛談判小組也十分注重談判前的準備。他們認為，在談判開始之前，談判者應該明白自己想要在這場談判中獲得什麼，這一點至關重要。但是在實際中，很多談判者要麼事先沒有明確自己的目標，要麼在談判中偏離了自己的目標，致使談判結果不但出人意料，而且令人無法接受。因此，談判開始前很重要的一點便是在擁有準確資訊的基礎上，徹底分析自己和對方的需求，確立自己的談判目標。

那麼，談判之中的目標都有哪些呢？我們可以從談判目標的理想程度，將其大致分為四種：理想目標、實際需求目標、可接受目標、底線目標。下面我們說明一下這四類目標的含義（目標的具體內容）和可行性（目標在談判過程中的實際價值和可行程度）。

一、理想目標

對談判某方最有利的理想目標，即在滿足某方實際需求利益之外，還有一個附加值。但實現可能性小，則提出有利於擴大己方的談判空間，有利於下調目標。

二、實際需求目標

談判各方根據主觀和客觀因素，考慮到各方面的情況而制定的目標。經過科學論證、預測及核算後，納入談判計畫的談判目標。

三、可接受目標

能滿足談判某方部分需求。實現部分經濟利益的目標。

四、底線目標

談判某方必須達到的原則目標。且是做出最大讓步後的底限，過於妥協反而會有利益的損失。

當我們在談判中確定了不同程度的談判目標後，就可以考慮如何在獲得最大利益的前提下，制定談判目標。正確的目標制定能夠有效引導之後的談判方向、手法措施，甚至最終結果。下面是思考和制定目標的流程表，我們可以看看：

自己需要什麼：有什麼是對你非常重要且不可妥協的，這就是你原則性的談判核心。

← **考慮的事分輕重**：將自己在談判當中想要達到的全部目標分解成若干組成部分，考慮一下，哪一部分需要首先考慮；哪一部分位居其次；哪一部分最後考慮。

← **自己為什麼需要它**：對你而言，得到的結果對你有什麼用。瞭解你想得到某樣東西的原因，可能會有助於你達到隱蔽的目的，即使這些原因你未曾有意識地考慮。

← **不能接受什麼**：有一定要達成的東西，也有必然不能侵犯的東西，考慮自己在談話中的底線。談到什麼時候你應終止談判；什麼時候可以說「是」，什麼時候可以說「不」；什麼時候態度必須強硬；不要將時間和精力花在毫無意義的事上。

← **目標如果沒有實現怎麼辦**：考慮到目標實現不了的最壞結果，自己能接受或不能接受，可採取哪些措施。預料可能出現的結果，找到最好的辦法。

當然，如果我們換一個角度來看目標制定這個問題的話。你能制定目標，你的對手也會，但是無論是商場上的合作夥伴、客戶，還是日常生活中的同事朋友，都不存在完全對立的利益。所以，談判前的目標訂立也不存在完全的對立。談判是在既滿足自己的需求，又能夠讓對方獲得相應的利益，進而形成雙贏的局面。

談判的有效目標，就是能夠從人性化、人情化的視野，多給對方一點尊重、多給對方一點空間、多給對方一點利益、多給對方一些機會。IBM公司當初由於在談判中沒有給予比爾．蓋茲應有的重視和尊重，衍生出日後微軟在視窗領域的獨霸天下。所以，目標應該建立在雙方協定的基礎上，而不是建立在壓倒性的勝利上。同時，參與談判的各方均有利可得，均願意加入談判、參與協定，這是非常圓滿的目標。不能因為其他各方弱小，就忽略他們的存在和利益。

♞不論何種談判，目標既要明確又要適度，這是你自己能夠掌控談判的表現。你知道哪一步可以繼續，哪一步必須停止，哪些時候必須緊逼，哪些時候必須放鬆。哪怕之後出現了預料之中的成功，也應該克制自己的情緒。

看清楚自己和對方

在談判開始前，有多少人問過自己這四個問題：

你對自己瞭解多少？

你對對方瞭解多少？

你認為對方瞭解你多少？

你認為對方對自身瞭解多少？

有一千個讀者，就有一千個哈姆雷特。莎士比亞筆下的人物，我們尚且如此觀點不一。那麼，對於複雜多變的談判，情況自然就更加錯綜複雜。不同立場的人，想法自然有差異，哪怕同一立場的人，觀點也會不盡相同。所以，當我們認知到這個「個別差異」的事實，我們更要將以上問題活用到談判中，做談判前的必要準備。

首先，明確自身的立場。無論時間長短，內容單純或複雜，我們都要考慮到一點，那就是在這次談判中，我們和對方是平等的還是失衡的——我們是處於優勢還是劣勢。你需要從不同的視角來詳盡瞭解這次談話的實質。

威力公司和菲力浦斯特公司是合作夥伴。威力是零件製造商，菲力浦斯特則購其零件製成商品出售。菲力浦斯特公司正與包括威力公司在內的多家零件製造商洽談承購事宜，威力無論從資歷上還是品質上，都是首屈一指的。

但如果威力能夠認識到自身所處的優勢地位，那麼，他們可以堅持自己所提出的交貨時間、付款方式以及其他有利於自己的條件。以菲力浦斯特所處的「挨打」地位來看，他們或許能夠最大限度地滿足威力。但如果威力低估了自己的實力，必然不敢以強硬的態度來堅持其所提出的條件，談判自然無法以「速戰速決」的方式達成協議。我們從中可以瞭解到「正確地分析自身的實力」是何等重要。

其次，高估對手並洞悉對方的思考模式。如果與談判對手接觸過，那不妨再翻閱一下當時的談判記錄。如果雙方素昧平生，則可以從與對方談判過的人那裡獲得資訊。另外，從圖書館或對方所屬的機關，也能找到若干基本資料，如談判對手的年齡、經歷、教育程度、特殊專長，等等，根據這些，談判對手的輪廓便呼之欲出了。事前搜集資料，再加上實際接觸中的觀察所得，這對判斷一個人來說，應該足夠了。

當我們做好了心理準備，同時，也對對方有了一個大致的瞭解，就可以根據對方的個性、特點、行事風格來制定相應的應對措施。

最後，適當地展示自己。我們要給對方一種印象——這種印象可以是我們迷惑對方的手段，也可以是真實實力的展現，無論哪一種，在特定的情況下，我們需要把自己「拿」出來給對方看。這就是在以上兩點基礎上對談判的操縱和掌控，正因為你對自己和對方都有了一定的瞭解，你才能完成這種形象展示。

比如，你想要讓對方產生「我的對手正處於下風」或者「他現在很焦慮，肯定是已經受到了情緒影響」的印象，你就可以表現出相應的行為，這是迷惑對方讓其跳進自己設好的陷阱裡的技巧。或者，有時候，你也可以表現出一副「在這次談判中我穩操勝券，我一定會贏」的姿態，當然，是在特定的情況下。

♞ 當我們一時無法瞭解對手的資訊和實力時，我們可以先將對方看成與我們實力相當甚至實力高於我們的對手。這是一種策略，也是一種態度。不高估自己，不低估對方，別讓「不過如此」成為你對對方的評價，無論這是對方給予你的煙幕彈，還是真實情況，你要做的是一直保持警惕的狀態。

在談判中掌握主動權

談判不是即興表演，它需要很長一段時間的準備、預測和謀劃，我們要研究和分析一切有利於自己和不利於自己的因素，並儘量收集一切可借助的力量。這才能為談判打開有利於自己的局面，掌控談判的主動權。

什麼是談判的主動權呢？

在談判中，主動權就是能夠按照自我意願行事的權力，這種權力會因為你地位、環境等的變化而有所變化，同時，你能夠掌控局面，引領對方做出有利於自己的選擇。

比如，兩家公司進行商品交易，供給和需求是很重要的衡量因素。買方的需求越大，在沒有其他合作對象的時候，或者即使有合作對象也不及原供給方的時候，對供給方來說就越有利，供給方就很有可能處於主導地位，掌控主動權。而當供大於求時，有很多同樣品質的商品供買家選擇，那麼這就對買家有利，供給方就處於下風。

同樣道理，律師要向委託人提供高水準的法律服務，滿足委託人的要求；送貨員要保證物品完好、準時地運送至指定地點；餐廳要提供美味的菜餚，以及良好的用餐氣氛，等等。只有保證了這些，才能得到較好的評價，其需求量也會增大，需求量越大，在談判時對自己就越有利。

可見，掌控談判的主動權和實際情況是有密切聯繫的。這種主動權是你身邊所有因素的集合，是你能夠動用的所有力量的集合。但並不是說，有了這些力量，你就一定能夠贏得談判的最終勝利，這些只是談判前主動權的影響因素。如果僅僅在談判前就能夠決定談判中的一切，那麼談判也就沒有存在的必要了。

那麼，在談判進行時，能夠影響主動權的因素又有哪些呢？我們要怎樣才能謀取談判的主動權呢？下面有幾個關鍵字來方便我們記憶：

我們先來說邏輯性。談判的邏輯性表現在說話要思路清晰，要謹記自己提到過的關鍵字、關鍵數字、關鍵問題，前後不能矛盾，無論是閒聊還是在嚴肅環境下，否則很有可能被對方抓住把柄，變得被動。

我們要做的事，是用清晰的邏輯、思路、觀點，讓對方逐漸從他自己的想法中跳脫出來，逐漸與我們的觀點並行。這就要求我們十分清楚自己的談判目的和問題的本質，你要把自己對談判的分析進行仔細整理：

我方和對方的利益點分別是什麼？

雙方有無共同利益？

問題的實質是什麼？

解決這個問題的方案會不會過多地傷害彼此的利益？

……

很多有助於談判的問題，都要事先進行整理，並且牢記。同時，你也要清楚，談判雖然可以說是一個戰場，但是你並不一定要把對方殺死，你的目的並不是戰勝對方，獲得勝利，而是在彼此可以建立長久社會關係的前提下，進行自我利益的最大化。所以，你可以為自己爭取附加價值，卻沒有必要咬住所有的利益不放。

現在，我們再來看看團體賽。這種方式商業談判最為需要。因為，凡是重要的商業談判，往往都是團體賽——是兩個智囊團的博弈。所以，要管理好一個團隊，就需要明白主次分明、分工明確的道理。也就是說，如同戲劇一般，一場談判需要主角和配角的相互配合，主角是核心人物，配角則要為這個核心人物服務。

主角負責在重點問題上整理思路、解決問題，而配角不僅要再次表明主角的重點，或者將主角不便說的話講出來，同時，還要為主角可能出現的口誤或者漏洞進行補救。這兩種角色只有配合到位了，整場談判才能夠默契進行。

最後，我們再來談談氣氛。商業談判要努力創造和諧的交流氣氛。凡是商業談判，雙方都想透過溝通交流，實現己方的某種意圖，所以是一種對立統一的關係。因此，往往就需要一個寬鬆祥和，輕鬆愉快的談判氣氛。因為大多數人在輕鬆和諧的氣氛中，能耐心地聽取不同意見，給人以更多的說話機會。

高明的談判者往往都是從中心議題之外開始，逐步引入正題。什麼天文地理，逸聞趣事，個人嗜好，小笑話等等，可視對方的喜惡選擇談論的題目，談酒可以成酒友，談菸

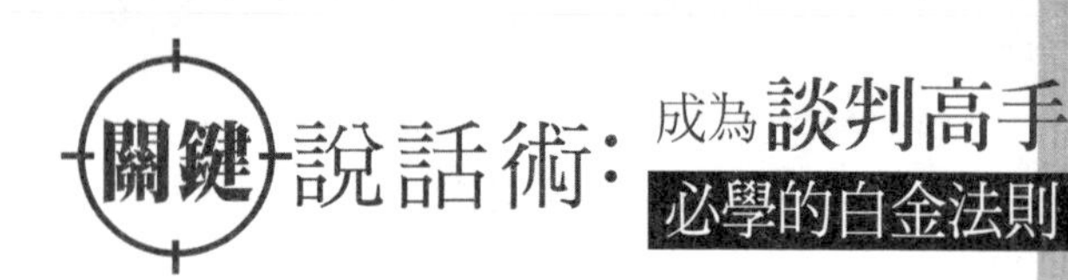

可以成菸友，談網可以成網友，談戲可以成票友。同學的同學可以為同學，老鄉的老鄉可以為老鄉。某一方面喜惡和見識都可能使談判雙方成為「知音」。如果能使對方有相見恨晚之感，就為談判打下了很好的基礎。

♞ 輕鬆和諧的談判氣氛，能夠拉近雙方的距離。切入正題之後就容易找到共同的語言，化解雙方的分歧或矛盾。

談判就是清楚地表達自己

如果為達目的而以金錢收買對方，或採取權力強制及暴力威脅的手段，在根本上就與談判、說服不符。要知道，談判與說服的本質手段是透過「說」和「聽」的交替過程以實現目的，而這種說與聽的交換方式即為溝通。

策動談判的動力是需要和利益，談判雙方透過談判說服對方理解、接受己方的觀點，最終使雙方在需要和利益方面得到協調和適應。所以這是關係到個人和集體利益的重要活動，語言表述上的準確性就顯得至關重要了。談判雙方必須準確地把己方的立場、觀點、要求傳達給對方，使對方明瞭自己的態度。

但是在談判中，為了談判的需要，還有一種技巧，就是故意模糊語義，換句話說，就是使用模糊語言正是為了更準確地傳遞複雜資訊，表達錯綜的思想。

談判對象由於性別、年齡、文化程度、職業、性格、興趣等的不同，接受語言的能力和習慣使用的談話方式也完全不同。比如，男性的理性思維成分居多，女性的感性思維成分居多；有些人說話直，有些人說話會轉很多彎……這種個人特點和差異是不能忽視的。除此之外，還有談判者本身和對方的社會關係，上司下屬、親人朋友陌生人、老人孩子等。面對不同的人群，你所要傳達的語言因素是不同的。

談判表現為溝通，溝通是載體，它所要表達的觀點存在於我們的大腦中，嘴巴是否能夠清晰地表達出觀點，就要看這個觀點在我們大腦裡被整理的程度是怎樣的。這也就是我們常說的邏輯性。

邏輯性要求我們具有縝密的邏輯思維，能根據一切有關的參考材料，使所有正面的、反面的論證形成一個整體，尤其不要忽略一些重要但又細微的細節。邏輯性要求我們能夠全面地考慮問題，並力求在談話過程中沒有漏洞，這樣就能使自己立於不敗之地；反之，若被對手抓住漏洞，那就毫無辦法了。邏輯性最重要的一點，就是要明確自己的說話目的。

在平常的語言場合中，失言是不可避免的。失言的原因是多方面的，但其中最根本的原因，往往是因為缺乏明確的目的。語言交流的目的，不只是社交上的需要，也不只是為了互相認識和瞭解。

例如，你找一位朋友，請他參加一個團體，或者請一位醫生解決一個醫療問題，或是買賣雙方談論生意上的事情，這一類談話究竟和一般社交性質的談話有什麼不同呢？在有些方面，兩者是一樣的。例如，你要具有一般的談話能力，你要能夠適應對方，盡可能瞭解對方的特點，你要有興趣，態度要友好而真誠，等等。但有些地方卻是不同的，這類談話，每次都有一個特殊的目的。

一般來說，人們說話的目的，有以下五種：

之類的談話。

第一，傳遞資訊和知識。如課堂教學、學術報告、現場報導、產品介紹、展覽解說之類的談話。

第二，引起注意或興趣。多是出於社交目的，或為了與人接觸；或為了與人溝通；或為了表明自身的存在；或為了取悅別人，如打招呼、應酬、寒暄、提問、拜訪、導遊、介紹、主持人講話等。

第三，爭取瞭解和信任。如交談、敘舊、拉家常、談戀愛等，往往旨在交流感情，增進友誼，密切關係。

第四，激勵或鼓動。旨在加強人們現有的觀念，堅定信心，振奮精神，有時也要求得到行動上的反應，如讚美、廣告宣傳、洽談、請求、就職演說、鼓動性演講，以及聚會、畢業典禮和各種紀念活動、慶祝活動中的講話等。

第五，說服或勸告。諸如談判、論辯。批評、法庭辯護、競選演講、改革性建議等。此類談話，大多力圖改變對方的某種觀念或信念，阻止對方採取某種行動。

堅持明確說話目的，是談判取得成功的首要條件。目的明確，談判往往能夠取得良好的效果，有時甚至能夠使說話人急中生智，化險為夷。因為只有明確目的，才知道應準備什麼話題的資料，採取何種語言風格，運用哪些技巧，進而能夠有的放矢，臨場應變。若目的不明，不顧場合地信口開河。毫無目的地東拉西扯，對方就會不知所云，無所適從。

因此，每次說話之前，不妨問問自己：「我為什麼要說？」「人家為什麼要我說？」預先想一想可能產生的效果，把預期的效果當作目標並為之努力。

那麼，我們怎樣才能做到明確目的，清楚地表達自己呢？

首先，以聽明白為前提。語言是資訊傳遞、思想交流的工具。無論是陳述一件事情，說明一個道理，還是提出一個問題，我們都要讓聽者明白我們說話的目的，這樣才能達到我們的目的。

比如一個推銷員向顧客推銷自己的產品，那麼他必須將自己推銷的產品的性能、價格和其他情況用語言向顧客講述明白，只有這樣顧客才能瞭解你的產品，而只有顧客瞭解了你的產品，他才會決定是否購買你的產品。

其次，以說服對方為目的。在說服對方時，既要顯得真誠，又要為對方著想。這樣，無論是交易上還是感情上都和對方進行了溝通，進而使我們的目的更容易達到。

最後，以關心他人為準則。關心別人不僅可以結交不同的朋友，還可以獲得更多的主動權。這並不是什麼嶄新的道理，早在西元前一百年，就有一個羅馬詩人說過：「當別人關心我們時，我們也關心他們。」

談判中的溝通往往能夠反映一個人的道德修養、學識水準、思辨能力。談判不只是說話的藝術，它還包含談判者本身的素養、德行，一個學識淵博、有涵養、舉止得體，具有人格魅力的人，總是給人容易溝通的良好印象。所以，哈佛談判小組總結出，要想使自己的語言具有藝術魅力，光靠技巧是不夠的，一味地追求技巧而忽略自身的素質培養就是捨本逐末。因此，我們在學習語言技巧的同時，還應全面提高自身的學識修養。

好的談判溝通，需要平時的累積和鍛煉。因為言語是以生活為內容的，有生活，有實踐經驗，談判的內容才能豐富起來。因此，對於生活糾紛、商業談話、國際事宜，都要經常關注，以吸取對我們有用的東西。對於所見所聞，都要加以思考、研究一番，儘量去瞭解其發生的過程、意義。

隨著溝通技巧的提高，你的生活也將豐富多彩，整個人的個性品質和各方面的能力都會提高，進而成為一個社交高手。

♞ 從語言效果上來說，一切語言都是圍繞聽者而展開的，從這個角度來說，語言表達要以聽者為主體。以聽者為主體就是要考慮聽者的接受能力、處境、心情、實際需要和思想性格。

先傾聽，再說話

有些人在生活中常易犯一個毛病：一旦打開話匣子，就難以止住。其實，這類人的溝通效果可能並不好。但是在談判這種目的性較為明確的溝通過程中，你能夠一語中的是十分重要的。

過多地傳達資訊卻並沒有考慮到可能收到的效果時，你的語言本身就已經失去本應該存在的效果了。比如，有幾個朋友聚在一起談話，當中只有一個人口若懸河，其他人只是呆呆聽著，這次聚會就會成為他的演講會，在場的其他人會感到無可奈何，甚至是憤怒。每一個人都有自己的發表欲，就像許多小學生對老師提出的問題，都希望老師為自己回答，即使他對於這個問題還不是很瞭解，只是一知半解地懂一些皮毛，但他還是想發表一下自己的觀點，這就是人天生的表現欲。

哈佛教授威廉·詹姆斯指出，人性最深刻的原則就是希望別人對自己加以賞識。所以，阻遏別人的表達欲，忽視對方的價值感，甚至否定對方的意圖，都會讓對方不高興，你在此情況下很難得到對方的認同，為什麼要做這樣的傻事呢？你不但應該讓對方有發表意見的機會，還要設法激發對方說話的欲望，使對方感覺到你是一位令人歡喜的朋友，這對一個人的好處是非常之大的。

你可以試想一下，談判中，只有你一個人侃侃而談，對方似乎只是一個裝飾品，這還是談判嗎？還有談判的必要嗎？所以，就像記者麥克遜所說：「不肯留神去聽人家說話，這是不受人歡迎的原因之一。」一般的人，他們只注重於自己應該怎樣說下去，絕不管人家要怎樣說。

我們來看看下面這個案例：

雷莉的爸爸被查出血糖血脂過高，他需要按照醫囑進行藥物治療，同時還需要遵守嚴格的飲食作息時間。但是雷莉的爸爸並沒有按照醫囑去做，雷莉試著去勸服他。不過只要一提及這個話題，她的爸爸就顯出極大的抵觸情緒，而他們的談話也常常不歡而散。

雷莉：「爸爸，你知道的，你現在的身體狀態可一點兒也開不得玩笑！你必須按照醫生的囑咐來做！」

爸爸：「得了吧，雷莉，別老是跟我談這事了，我都已經聽煩了，妳知道，什麼準時吃飯、控制，我肯定做不到的。」

雷莉：「你根本就沒有嘗試去做，又怎麼知道做不到呢！我明白，那樣嚴格的作息對你來說是困難了一些，但是只要習慣了，你就會知道這樣的作息並沒有那麼不可戰勝。或許，你還能從這種規律的生活裡獲得樂趣呢。」

爸爸：「樂趣？見鬼！不可能的，絕對不可能的！好了，別再和我說這個問題了，我已經不想談了，夠了！」

這樣的談話，無疑是令人失望的，雷莉與爸爸談判的目的不僅沒有達到，反覆強調同一個觀點反而加大爸爸的抵觸情緒。但是過了幾天後，雷莉嘗試著改變自己針鋒相對的態度和談話方式，這次她是先聽，先去理解爸爸的想法，然後再發表自己的意見。

雷莉：「爸爸，我知道你不想再提控制的事了，但是我想知道為什麼？你為什麼會對這種事這麼抗拒？爸爸，告訴我吧，我只想聽你說說。」

爸爸：「哦，雷莉，妳明白的，自從妳媽媽去世以後，我覺得所有的事都不一樣的了，不一樣了……」

雷莉：「爸爸，你是覺得孤單嗎？你是在害怕什麼嗎？沒事，我們可以聊聊，我正聽著呢，爸爸。」

爸爸：「我不想讓你們有太大的壓力和負擔，我不想把自己不好的感覺傳染給你們，雷莉，妳有自己的生活，妳有丈夫和孩子，我不想妳因為我的事而過多的分心。」

雷莉：「那你為什麼會這麼抵觸醫生的囑託呢？我明白你其實是知道，這並不是一件壞事，不是嗎？」

爸爸：「是的，孩子，但是每當我覺得自己如果真的按醫生說的做了，我就是個沒用的老頭子了，好像會隨時拖累你們似的，這讓我感到恐懼，妳知道的，我不想成為你們的負擔。」

雷莉：「爸爸，我知道了。只是我想要告訴你的是，你的健康會給我們帶來很大的快樂，這種快樂又怎麼會是負擔呢？難道你覺得，比起耶誕節我們一家人圍在一起吃飯，躺在醫院的病床上更能讓所有人開心嗎？不！爸爸！或許我之前的態度有些強硬了，但是我想你會明白，我是真的想幫你。別讓我覺得對自己爸爸的健康還這麼的力不從心，好嗎？」

爸爸：「孩子，如果妳願意的話，那真是謝謝妳了。雖然會很麻煩，但是……我很希望能夠健康地和你們一起吃聖誕大餐！」

從第二段對話中可以看出，傾聽和講話一樣具有說服力。傾聽者會聚精會神，搬出知識、經驗及感情等，使大腦處於緊張狀態，接受信號後，立即加以識別、歸類、解碼，作出相應的反應，表示理解或疑惑、支持或反對、愉快或難受等。這種與談話者密切呼應的聽，就是積極傾聽。積極傾聽既有對語言資訊的回饋，也有對非語言資訊，即表情、姿勢等的回饋。

聽一番思想活躍、觀點新穎、信息量大的談話，傾聽者甚至比談話者還要疲勞。因為傾聽的人要不斷調整自己的分析系統，修正自己的見解，以便與說話人的思維同步。而對一般性質的談話，傾聽者會處於比較鬆弛的狀態，如閒談、一般介紹等，這時，人們都在隨意狀態中接受資訊，這就是消極傾聽。

一般來說，進行談判需要瞭解對方的各類資訊，比如，對方的目的、意圖、打算，在獲得這些資訊的過程中，沒有任何一種技巧比傾聽來得更加方便快捷。同時，你也可以從聽到的內容裡面分析和研究出很多習慣用法，比如，如果對方常說「說來……」這表示說話者故意給你一種印象，這個觀點是他剛想到什麼，但十之八九，他所要說的是重要內容，卻以隨便的口吻偽裝成不重要，掩人耳目。

集中精力地聽，是傾聽藝術的最基本、最重要的問題。據心理學家統計表明，一般人說話的速度為每分鐘一百二十到一百八十個字，而聽話及思維的速度，則大約要比說話的速度快四倍左右。因此，往往是說話者話還沒有說完，聽話者就大部分都能夠理解了。這樣一來，聽者常常由於精力的富餘而開小差。那麼，萬一這時對方講話的內容與我們理解的內容有偏差，或是傳遞了一個重要資訊，這時真是聰明反被聰明誤，後悔已是來不及了。

所以，這個時候，需要我們運用一些技巧。比如，你需要認真地去傾聽。很多資訊，需要你在聽的時候就分辨出來，哪些是真的，哪些是假的，哪些是有用的，哪些是沒用的。同時，你還可以邊聽邊做筆記，把你認為非常重要的，有利於你找對方語言漏洞的地方等等，都記錄下來。

聽是有技巧地聽，而不是一味放空腦袋去聽。

為了瞭解而提問

我們用語言來談判，這就涉及語言使用的技巧。比如，當你在和對方談生意的時候，對方皺著眉頭問出一句：「你是真的想和我們合作嗎？」多數情況之下，對方並不是在詢問這個事實，而是在表達自己的不滿——「你是不是根本就不想和我們合作！」這說明，你的某些行為觸到了對方的某根弦，讓對方很不樂意。

從這裡我們可以明白一個道理，很多話不是怎麼想就能怎麼說的，我們的觀點和主張，有時候是不適宜作為問題提出來的。也就是說，我們提問的目的很大程度上不是為了直接說出自己的觀點、想法或者情緒，而是以充滿諷刺意味的見解或說法來表達自己的心情。否則，直接說出一些很負面的話，很容易讓別人對你產生不好的印象。

為什麼會這樣呢？我們可以來分析一下這兩句話——「你打算用這個條件來換得我們的妥協嗎？」其實，這句話的潛臺詞是：「你的條件還不足以讓我們公司妥協，除非你再加一些籌碼。」

其實，這兩句話表達的都是同樣的情緒和意義，但是第一句更委婉，它表述出了自己的情緒和主張，但是能夠讓人接受，也更容易讓聽者把注意力集中在事實本身。如果使用的是後面一句話，那麼，就容易讓聽者集中注意力在話語裡隱藏的負面情緒上，這會讓聽的人誤解你的訴求，而覺得你只是在單純地控訴。這個時候，你想要傳達的真實含義就無法精確地讓對方明白了！

所以在這裡，提問只是單純地淪為盤問對方的工具，但這並不是我們提問的目的。談判的目的不是透過說服而去瞭解，而是透過瞭解而去說服。

許多人在進行談判時，只顧著發表自己的主張，而從不詢問對方的希望。這與哈佛談判小組的研究結果背道而馳。

事實上，使對方滿意的最佳資訊來源之一，正是對方本身。例如，對方是否堅持與州長本人說話？為何他如此堅持呢？作家是否排斥應徵客座教授？果真如此的話，他們會喜歡何種安排？大學能否以別的方法吸引他們擔任教職？要求加薪資的祕書是否覺得她比一年前對公司有更多的貢獻？這些額外的貢獻是什麼？她認為這些貢獻對公司具有何種價值？在此強調的是，不能把這些問題當作向對方的挑戰，而是真心想瞭解對方的期望，以及對方為什麼自認有資格提此要求。

我們不得不一再強調「為什麼」的重要性，因為只有獲得這項問題的答案，你才能掌握對方的立場和興趣所在，也才可以達成同時令雙方滿意的解決方法。

實踐中，不同的談判過程，獲得資訊的提問方式也不同。一般情況下，提問有以下幾種方式：

一是一般性提問，如：「你認為如何？」

二是直接性提問，如：「誰能解決這個問題？」

三是誘導性提問，如：「這不就是事實嗎？」

四是探詢性提問，如：「是不是？」「你認為呢？」

五是選擇性提問，如：「是這樣，還是那樣？」

六是假設性提問，如：「假如……怎麼辦？」

除了這些提問方式之外，我們還應該注意什麼呢？有什麼原則性的東西是我們需要瞭解的呢？

首先，提出的問題必須能夠讓對方接受。根據問題回答的可行度，可以對問題本身的可行度作一個初步判斷。你提出的問題，是能夠讓對方回答的，是可以讓對方接受並回答的，那麼，這就是一個恰當的問題。你提出的問題必須要切中要點——可能是談判中一個十分關鍵的因素，也可能是個看上去無關緊要但是有較大影響的問題，儘量避免無意義的錯誤假定或者是有明顯敵意的問題。

其次，針對性要強。簡單地說，就是問題提出來後，需要能夠引領出一個思路或者解決方案來。提出一個明顯沒有結果的問題，是非常浪費時間的。比如，當買主不感興趣、不關心或猶豫不決時，賣主應問一些引導性問題：「你想買什麼東西？」「你能接受的價位是多少？」「你對於我們的消費調查報告有什麼意見？」等等。提出這些引導性的問題後，賣方可根據買方的回答找出一些理由來說服對方促成交易。

最後，不僅要注重問題的實質內容，更要關注問題帶來的影響。好的問題，不僅能夠引導一個思路，更能夠引起對方長久的注意和興趣。而提問題的有效頻率，或許能夠引導對方走向你的思考方向和最終結果。

當然，在提問的過程中，也有一些禁忌需要注意。以下是幾種比較典型的不受歡迎的問題，以作防範：

一、明顯敵意性問題

帶著強烈的敵意，同時能夠引起對方敵意的問題。這種明顯的負面刺激，如果不是特殊策略或技巧，是要注意避免的。

二、個人隱私性問題

詢問對方親近性的問題能夠建立初步的信任感，但是一定要注意尺度。比如，年齡、收入、家庭情況等，要適度詢問或者乾脆不提。

三、品質質疑性問題

不要隨意地指責對方的人品、名聲、信譽，這種有道德譴責意義的提問要慎重表達或者使用。

四、故意表現性問題

有些問題根本沒有實質意義，只是為了表現自己。這種問題十分容易引起對方的反感。

提問是談判中獲得對方資訊的一般手段。透過提問，除了可以從中獲得眾多的資訊之外，還常常能發現對方的需要，知道對方追求什麼，這些都對談判有很大的指導作用。另外，提問還是應對談判的一個手段，是談判者機警的表現。

回答需要給自己留後路

談判中，尤其是國際商務或者國家事宜的談判中，每一句話都要謹慎。你對自己回答的每一句話、每一個字都要負責，因為，你所說的話，所作的回答，就等於是一種承諾。在嚴肅的場合下，如果你說完之後反悔，想要改口，那是很難的，而這種損失也是可大可小的。

你問，我答。很多人認為這是一件容易的事情。其實，事情遠非這麼簡單。我們不僅要根據提問來進行回答，還必須要答得恰當。也就是說，你必須要聽清楚問題，然後，思考：對方到底問的是什麼？問題的表面和實質是否一致？是否有弦外之音？我應該如何回答？對方是否在引導我進入他的思路？

接下來，我們來看同種情況下的兩段不同問答，可以從中感受一下，巧妙地回答問題，應對談判到底是怎麼一回事。

麗莎（下屬）和克利（上司）

不好的回答

麗莎：「（憤怒中）頭兒，我想找你談談，關於預算手冊的事，我覺得那不是我的問題，資料失誤導致我的圖示失誤，難道這不是你的錯嗎？」

克利：「聽我說，麗莎，我們可以好好談談。關於預算手冊的事，我覺得我已經做好了一切，只是給妳一些善後工作。而且，妳現在的態度讓我很不滿意。」

麗莎：「我很生氣，因為我覺得這明明是你的錯，而你卻不想承擔責任，這難道不是你為自己找藉口嗎？」

克利：「妳覺得那是我為自己找的藉口？妳現在是想把所有的責任都推到我一個人身上嗎？妳現在這種攻擊性的態度真是讓人不舒服。」

好的回答

麗莎：「（憤怒中）頭兒，我想找你談談，關於預算手冊的事，我覺得那不是我的問題，資料失誤導致我的圖示失誤，難道這不是你的錯嗎？」

克利：「麗莎，關於預算手冊的事，我想了很多。我和妳一樣沮喪，也理解妳的心情。其實，我最擔心的是這次的事會影響我們之間的友情和良好合作關係。而就這件事本身，我們可以好好談談。」

麗莎：「我很生氣，因為我覺得這明明是你的錯，而你卻不想承擔責任，這難道不是你為自己找藉口嗎？」

克利：「實際上，無論事情如何，我覺得妳不應該糾結在是不是讓妳重新做預算圖表的問題，妳應該即刻去做，而不是耗時間和我在這裡爭論。事情已經發生了，現在來追究到底是誰的責任對解決問題根本就沒有幫助，不是嗎？而且，這個專案客戶催得很緊，他那個人，妳也是見識過的，之前妳也負責過他的專案。不是還被他挑出錯誤來了嗎？」

麗莎：「難道你想說那也是我的責任嗎？」

克利：「當然不是，我想說的是，那一次其實不是妳的錯，我明白對方只是借題發揮想要加大利潤。所以，妳應該比任何人都清楚，任何一個小失誤到了他那裡會被誇大成什麼樣子。唉……那一次，我知道妳受了很大的打擊。妳知道的，那個人很難應付！」

麗莎：「是啊，那一次真是失敗！聽你這麼一說，這次的專案你也承受了不小的壓力？」

克利：「唉……其實，這次項目的這個小失誤本來沒有必要非要重新做圖示。但是為了不再讓他們抓到把柄，難道我們不應該做得更好嗎？」

麗莎：「嗯，看來，這次的事是我衝動了，我脾氣有時候有些火爆，你知道的。我開始只是想幫你，但是最後你還要求我重做，並且還不是我的原因，所以，我很氣憤。」

克利：「我知道的，麗莎，我從沒想過傷害妳。那麼，這次的事就讓我們一起努力吧！」

從以上的對比中我們可以看出，前一段麗莎的提問一直糾結在「責任到底在誰」這個問題上，而她的上司克利的問題則一直只停留在麗莎攻擊性的態度上，就解決問題而言，兩個人的對話是沒有意義的，這只能讓他們陷入惡性循環之中。

在這次事件中，克利應該負上多數責任，因為他不僅是資料預測人，更是整個項目的掌控者，無論從事件本身，還是職責大局上來看，克利都應該在言談中表現出一副有擔當的樣子。所以，在後一段對話中，克利先透過站在對方立場來回答，用情感軟化對方，然後，再來闡述「解決問題」這個實質任務，最後他還找了「客戶」來作為兩個人共同的敵人，更是強化了兩人的共同立場。

在這個過程中，克利其實沒有非常明顯地直接承認自己的錯誤，這保全了他身為一個領導者的尊嚴，並弱化了雙方立場的對立狀況。而且，透過這樣一連串的回答，我們可以看出一個思路——克利一步一步將兩人之間的對立，逐漸引導為同一立場。

透過這個案例，再結合下面的具體技巧，我們可以瞭解如何在談判中巧妙回答問題。

1、不需要十分明確和徹底地回答對方的問題——答話者要將問話者所提的問題範圍縮小，或者在回答之前加以修飾和說明。比如，對方對某種產品的價格表示出關心，發問者就會直接詢問這種產品的價格，如果很徹底地回答對方，把價錢一說了之，那麼在進一步的談判過程中，回答的一方就會比較被動。同時，回答時不要過早地暴露自己的實力，通常可用先說明類似的情況，再拉回正題，或者利用反問把重點轉移。

2、讓自己有充足時間思考問題，同時，弱化對方追問的機會和興致——接收到問題後，不一定要馬上回答，你需要用技巧和時間讓自己得到緩衝。這個時候，對方可能會以催問的形式，給予你回答問題的壓力。尤其是當對方察覺到你的倉促回答有漏洞的時候，很可能就會緊抓不放。此時藉口問題無法回答也是一種迴避問題的方法，可以這樣說：「我不知道我的回答是否會成為你的問題的答案，我將十分誠實地回答，但這種結果只有間接的關係。」進而為避免落入圈套而留下廣闊的空間。

3、沒必要的問題可以不正面回答——不是對方的每一個問題，你都有義務要回答。有些問題你認為觸及到了自己的實際利益、人格尊嚴等，可以選擇不回答或者是不正面回答。例如，對方提一些與談判主題無關的問題，你回答這種問題顯然是浪費時間。或者，對方會有意提一些容易激怒你的問題，其用意在於使你失去自制力。你不假思索地回答這種問題，只會損害自己。因此對這類問題可以一笑置之。

回答問題是需要技巧的。這種技巧不僅要根據問題本身來制定，還要根據說話水準、場合需要，等等。所以，切記，不要急著作答，迅速地回答對方的問題，不是唯一的應答途徑。

拒絕不是一個簡單的「不」字

商務談判中，討價還價是難免的，也是正常的，有時對方提出的要求或觀點與自己的相反或相差太遠，這就需要拒絕、否定。但若拒絕、否定死板、武斷甚至粗魯，會傷害對方，使談判出現僵局，導致談判失敗。高明的拒絕應是審時度勢，隨機應變，有理有節地進行，讓雙方都有迴旋的餘地，使雙方達到成交的目的。

在談判中，我們同樣也會拒絕對方提出的建議。如何傳遞拒絕的資訊，還要讓對方覺得舒服。首先開口說拒絕的時候千萬不能說抱歉，這個拒絕沒有欠對方什麼，而是從自身出發，確實無法滿足對方的要求，所以開口的時候一定不要說抱歉。在表達意見和感受的時候，一定要真誠地處理，有效地溝通。同樣的一個「不」字，透過什麼樣的方式傳遞給對方，結果是不一樣的。

下面介紹談判中幾種婉言拒絕的技巧：

一、委婉暗示拒絕法

這種方法就是不直接用語言明確地拒絕對方的要求，而是以各種比較含糊的語言或表情態勢來向對方傳遞己方不能接受的資訊。此外，在談判中使用一些敬語，也可以表達你拒絕的願望，傳遞你拒絕的資訊。

二、先承後轉拒絕法

為防止被拒絕一方對抗心理的產生，我們應從人們通常所具備的期望得到尊重、理解的心理需求出發，先從對方的意見中找出雙方均不反對的某些實質內容，從某個適當的角度予以肯定與認可，找出其中的共同點，表達對對方的理解與尊重（先承）；然後再就雙方看法不一致的內容進行比較平靜與客觀的闡述，以啟發和說服對方（後轉）。

這樣一來，由於對方先獲得了被尊重、被理解的心理滿足，雙方心理上的距離拉近了，當後來被拒絕時，會感到己方比較通情達理，因而被拒絕而引發的心理不協調就會大大削弱。

三、引誘自否拒絕法

面對談判中對方提出某些己方認為不合理的過分的要求、失實的指責，最好不要直言反駁，不要拍案而起、反唇相譏，而可用這種引誘自否法。即先不馬上答覆，而是旁敲側擊地提出一些經過構思的問題，誘使對方在回答中不知不覺地否定自己原來提出的要求或觀點。

四、補償安慰拒絕法

為避免因為拒絕而引起對方不快，我們可以採用這樣的技巧，就是在答覆拒絕的同時，在心理需求和物質利益上，在己方力所能及的範圍內，給對方以其他方面的適當補償，以緩解對方因失望而帶來的心理不平衡。

五、你不退我不退拒絕法

即當對方提出己方所不能接受的要求或意見時，己方不受對方的牽制，不採取直接拒絕或反對的方式，而是針對前面談判中對方拒絕己方意見的某些要害問題，以攻為守，再次要求對方退讓，使對方處於被要求給予理解的位置而忙於招架。這樣一來，如果對方堅持不能退讓，也就不得不主動放棄要求己方做出較大退讓的要求了。

♞ 在談判中，假如對方提出的要求超過了己方所能承受的程度，而運用其他曉之以理的方法仍無法擺脫對方的糾纏，為了使對方真正意識到再磨下去也是白費勁，不妨在對方面前擺出一些自己無法逾越的客觀上的障礙，表示自己實在力不從心、愛莫能助，進而使對方在放棄糾纏的同時對自己的拒絕給予諒解。

善於假設

假設，是談判中的重要環節。所謂假設，就是「假定的事實」，假定過去發生的、現在存在的或者未來可能出現的。

在談判的過程中對未來進行假定，是達成原則談判，不在立場上糾結的良好方法。因為在進行策劃的時候，假定可以有效地幫助談判者明確談判過程中關於人的因素，關於利益的因素，關於方案的因素，關於標準的因素。並針對以上因素制訂周密的方案。

假設是人思考的一種習慣，我們常常會習慣性地做出假設，假設需要發揮創造性思維，因為假設並不像數學公式，它是累積了人生的經驗，以及聽到的、看到的各種資料而下的判斷。

譬如，假設會拿到購買的物品和找回的零錢，我們才會付錢給收銀員；搭乘飛機時，我們假定我們會按時到達目的地；過馬路時，我們無法瞭解整條路的路況，但我們假定只能依據紅綠燈的指示行走，就會安然無恙地通過。

談判之初我們就會假定己方對於本次談判的假定，猜測談判對方可能的假設，不能準確調整己方的假設，揣測對方的假設，就會使自己處於被動挨打的局面。因此，善於假設，對談判至關重要。

但假設在某種程度上，是基於看不見的證據，因此很難解釋是合理的或不合理的。我們利用假設來分析、解釋所面對的千變萬化的事物。我們將接收到的資訊，經過自己解釋，做了第一個假設。並且相信它是對的，直到被證實是錯的之後，才會改變觀念。

比如我們根據水果的外皮來判斷這個水果是否好吃。假設有橘紅色柔軟外皮的橘子是好吃的，如果剝開品嘗後確實好吃，這個假設就成立。如果橘子不好吃，那麼這個假設就不成立。水果店的老闆可不會同意你對每個橘子都做同樣的嘗試之後，才去購買。因此果皮的品相就成為我們購買水果時的判斷標準，並從經驗中修正錯誤的觀念。做出假設，並去驗證它的重點是在什麼時候驗證事實是否符合我們的假設。

當然，我們根據經驗做出的假設很可能是錯誤的：沒有確切的事實作為根據的假設，總是帶有冒險性。比如那些不自覺的假設。

這個簡單的例子可以解釋什麼是不自覺的假設。某報刊登新聞敘述經常有人看到一名乞丐出入女生廁所。大部分讀者都會覺得奇怪，為什麼?答案很簡單，因為讀者假設乞丐是位男士。但報紙並沒有指出這一點，是讀者不自覺地假設使自己偏離事實。一些簡單的假設，很容易證實它的對錯，而不自覺又看不到的假設，是既難發掘又難修正的。

錯誤的假設會使談判的雙方陷入錯誤，浪費許多時間在查明被誤解的事實真相上；正確的假設會使談判力大幅度地增加。談判者如果能夠保持清醒，不斷從不同的角度來觀察，探求事情的真相，不陷入錯誤的假設當中，在談判中會處於有利地位。因為一旦證實自己事前所做的假設無誤的話，就可以立即運用已制定好的策略展開反擊。

正確的假設對談判的幫助非常大，經驗可以幫助我們做出正確的假設，卻不能百分百生效。如何才能提高假設的準確度呢？

首先，假設要根據事實。事實提供假設的基礎和支撐，假設的提出依賴事實作為根據。事實的獲知量會對假設的正確率產生影響，獲知越多的事實，就越有可能做出正確的假設。

其次，做有把握的假設。在假設的基礎上，再次進行假設。就像建造沒有打地基的房子，是非常不明智的。雖然之前的假設也許是有事實根據的，但這個假設並未被證實，也就是說假設仍然有失敗的可能性。那麼缺乏事實基礎，以假設作為另一個假設的基礎和支撐，假設成立的可能性也就微乎其微。

最後，不要輕易放棄原先的假設。談判的過程中真假難辨，尤其是面對精明強幹的談判者時。對手極有可能會看穿你根據事實所做出的假設，並想盡辦法愚弄你，讓你誤以為假定錯誤，擾亂你之前擬定的談判戰略。這種時候，唯有堅信自己所作的調查，相信自己根據事實所做出的假設，不去理會對手的干擾，繼續執行之前制定的戰略。

若事事質疑，都要知道為什麼，則沒有任何事是可以做好的。但事事都相信假定，也是不科學的，所以，我們需要放棄或者修正那些錯誤或是不準確的假設。在週期性的求證過程中，完成我們的既定目標。

關鍵說話術：成為談判高手必學的白金法則

Negotiation

Chapter 2

輕立場，重利益

要協調的是利益而不是立場

談判中最大的危機，就是我們有可能會過於重視彼此的立場，因為站在不同的立場上，我們會覺得彼此是絕對對立的，一旦這個認知確定，那麼，我們就會想當然地認為，雙方（多方）的利益肯定是相衝突的。

這是一個很危險的想法。這樣的認知不僅會讓雙方處於很不和諧的交流氛圍中，更有可能影響到解決談判實質問題的方案的確立。例如我們認為某個條款是肯定不能動搖的，是神聖不可侵犯的，其實，就客觀現實來說，這個條款的調整空間還是存在的。把自己和對方置於立場的思考之中，我們就容易陷入這樣的怪圈和痛苦的選擇之中。但是，談判的終極目的是為了滿足彼此的需求和利益，而背後的利益有可能是衝突的，也有可能是能夠相容的。利益的獲取，最大化利益的獲取，才是我們在談判中要協調和解決的問題。

例如，在機械設備的出口中，雙方堅持各自的價格立場並不能說明雙方達成明智的交易，因為，價格立場背後還會有許多利益存在，而這些利益的存在，對雙方來說並不一定就是衝突。雙方採用什麼貿易術語？交貨時間的安排對誰更有利？價格中是否包括人員培訓的費用？運輸的責任必須是由買方來承擔嗎？保險由誰辦理更合適？對於賣方，信用證付款條件是不是必須條件？買賣雙方是想簽訂長期出口合約，還是一筆交易的合約？有關設備的易損件是否包括在此合約的報價中？等等。

利益是主觀的，是談判雙方的需求、目標、動機、關注點……利益是達成協議的難點和阻礙，是談判各方的關注點、動機、誘因、潛在需求和動力，是人們開始一場談判的原因。利益和立場的最大不同是：

利益—你實際最需要的東西。

立場—你主觀上主張的東西。

而很多時候，人們容易將利益和立場混淆，容易將或明或暗的主觀需求認定為自己真實的利益。無論是對於自己還是對方，能夠透過這些表面的主張去探究其中的實際利益。這樣，就己方來說，我們能夠真正地明白自己的利益所在，提出有實際意義的要求，避免理由不充分的要求，以防對方對我們的要求產生強烈質疑。而對對方來說，能夠發掘其真實利益，其實也是開發彼此能夠達成順利解決問題的共識的前提，只有看清了對方真正想要的是什麼，你才能夠根據實際情況提出相關的解決方案。這就好比女性對化妝品的熱衷，其實，很多女性不是熱衷於某個品牌，而是熱衷於這個品牌為她們帶來的護膚效果。在這裡，品牌就是立場，而效果就是利益。商場銷售員只要認識到這一點，他們的談判效果就會出奇的好。

一九八五年，美國聯邦調查局逮捕了一位物理學專家，他的名字叫作傑拉德．扎卡洛夫，他是蘇聯駐聯合國代表團的一名成員。他被逮捕的原因是他在紐約市地鐵月臺上用現金購買機密文件。一個星期之後，蘇聯克格勃也逮捕了一名《美國新聞和世界報導》駐莫斯科的記者，名叫尼古拉斯．丹尼洛夫，理由是他被指控為美方間諜。而事情的真相是，克格勃讓一名成員假裝成神父，讓尼古拉斯給美國大使館送一封信，進而逮捕了他。

事情發生後，蘇聯稱想要釋放尼古拉斯，就要用扎卡洛夫來交換。當時的美國總統並未答允這一要求，因為他認為這會影響到將要舉行的有關武器控制的峰會，就這樣，談判幾乎擱淺。

這個時候，西方石油公司的主席阿芒得．哈默出面了，哈默向蘇聯方面建議，他們可以同意釋放持不同政見的尤里．奧洛夫及他的妻子伊里娜．瓦利托娃。這樣做打破了僵局，雷根冷靜地研究了這一問題後，覺得不能用俄國間諜交換美國記者，但可以接受蘇聯提出的新的交換條件，因為這樣做不會違背他開始提出的條件，因此談判得以繼續進行。

就像案例所表現的那樣，立場可以是不同的，但是獲得利益的方式有很多種，是需要深入挖掘的。

就利益本身來說，不同的談判性質決定了不同的談判目的，也就是說，不同的談判滿足的需要和實現的利益是不同的。政治活動的終極目的是政黨、團體的利益，外交活動考慮更多的是國家利益，軍事活動涉及的是安全利益……這些利益本身或多或少會關係到經濟問題。但是，它們本身都有一個最關鍵、最本質的問題需要探討和解決，也就是說，這些問題的重心不一定都要放在經濟問題上。

哪怕與經濟關聯性比較強的商務談判，它所涉及的也不一定全是經濟利益。我們就商務談判的定義來看——商務談判是指不同的經濟實體為了自身的經濟利益和滿足對方的需要，透過溝通、協商、妥協、合作等各種方式，把可能的商機確定下來的活動過程。而在這個過程當中，非經濟利益的影響也是非常重要的，甚至有時候非經濟利益的影響會超過經濟利益。

♞ 我們現在應該明白了，利益不是看起來那麼簡單，也不是由談判雙方的立場來決定。你對談判本質問題的挖掘和分析、對談判對方應該採取的對應措施、對解決整個問題的方案制訂等，都應該從利益角度考慮。

站在對方的立場上

談判的時候，因為立場不同，利益不同，很多人容易將自己的想法、意見強加給別人，總覺得自己的做法、意見才是最好的。雖然出發點或許是為了解決某些問題，但是沒有站在對方的立場上想過這樣是否適合。

所以當我們和別人商談事情時，不應該先自我確定標準和結論，應該站在對方的立場仔細想想，詢問對方對這件事情的看法和應該如何解決這個問題，而不是直接講一番大道理來逼迫對方接受。這不僅是一種談判方式，更是為人處世的技巧。

在與對方談判時，站在對方立場上，才能讓別人覺得你是在為雙方考慮，而不僅僅為了滿足自己的利益。這種信任感一旦建立，之後很多事情就會順理成章地進行下去。站在對方的立場考慮問題，你會發現，你跟對方有了共同語言，他所思所想、所喜所惡，都變得可以理解，在各種類型的談判中，你都可以從容應對，要麼伸出理解的援手，要麼防範對方的惡招。

這種換位思考的說話方式，能給他人為他著想的感覺，投其所好的技巧常常具有極強的說服力。要做到這一點，「知己知彼」十分重要，唯先知彼，而後方能站在對方立場上考慮問題。成功的人際交往語言，有賴於發現對方的真實需要，並且在實現自我目標的同時給對方指出一條可行的路徑。

某精密機械總廠生產某項新產品，將其部分部件委託另外一家小型工廠製造，當該小型工廠將零件的半成品呈示總廠時，不料全不合該廠要求。由於時間緊迫，總廠負責人只得令其儘快重新製造，但小廠負責人認為他是完全按總廠的規格製造的，不想再重新製造，雙方僵持了許久。

總廠負責人在問明原委後，便對小廠負責人說：「我想這件事完全是由於設計不周所致，而且還令你吃了虧，實在抱歉。今天幸好有你們幫忙，才讓我們發現存在這樣的缺點。只是事到如今，事情總是要完成的，你們不妨將它製造得更完美一點，這樣對你我都是有好處的。」小廠負責人聽完，自然是照辦的。

汽車大王福特說：「如果說成功有祕訣的話，那就是站在對方立場上認識和思考問題。」你與別人意見不一致時，假若能站在對方的立場上認識和思考問題，你也許會發現自己錯了。如果你肯主動承認錯誤，就會使矛盾很快得到解決，還能贏得他人的喜歡。

很多人誤以為在談判時，應趕盡殺絕，毫不讓步。但事實證明，大部分成功的談判都要在和諧的氣氛下進行才可能達成。在相同的交涉條件下，站在對方的立場上去說明，往往更有說服力。因為對方會感覺到：達成交易的前提是雙方都能獲得預期的利益。

美國前參議院議員羅慈和哈佛大學校長羅威爾，在一戰結束後不久，一同被請到波士頓去辯論國際聯盟的問題。羅慈感覺到大部分聽眾都對他的意見持仇視態度，可是他決定讓聽眾都贊同他的意見。他該怎樣表達自己的觀點，讓聽眾贊同自己呢？

為了稱頌聽眾的愛國熱忱，他稱聽眾為「我的同胞」；為了縮小彼此意見相悖的範圍，他敏捷而鄭重地提出他們共同的思想；為了讚美他的對手，他堅持說他們的不同點只是方法上瑣碎的小枝節，而對於美國的幸福以及世界的和平諸多大問題，他們的觀點是完全一致的。

他更進一步地說，他也贊成國際聯盟的組織是應該有的。分析到他和對方的不同點，他只是覺得「我們應該有一個更完善的國際組織」。現在就讓我們來看看他演說的開頭：

校長、諸位朋友、諸位先生、我的同胞們：

羅威爾校長給了我這個機會，使我能夠在諸位面前說幾句話，對此我感到十分榮幸。我們兩人是多年的老朋友，而且都是信奉共和黨的人，他是我們擁有最大榮譽的大學校長，是美國最重要、極有權威和地位的人，他還是一位研究政治最優秀的學者和史學專家。現在，我們對於當前的重大問題，在方法上也許有所不同。然而，在對待世界和平以及美國的幸福問題上，我們的目的還是一樣的。

如果你們允許的話，我願意站在我本人的立場上來簡單地說幾句。我曾用簡明的英語，一次又一次說了好多遍，但是有人對我產生了誤解，竟說我是反對國際聯盟的，無論它是一個怎樣的組織。其實，我一點也不反對，我渴望著世界上一切自由的國家都聯合起來，成立我們所謂的聯盟，也就是法國人所說的協會。只要這個組織能夠真正聯合各國，各盡所能，爭取世界永久和平，促成環球裁軍的實現。

♞ 任你曾對演說者的意見有過怎樣激烈的反對，但是當你聽完這樣一個開場之後，你覺得心平氣和些了吧。你當然願意多聽一些，至少你相信演說者是個正直的人。

利益潛藏於立場之下

利益是可以透過很多捷徑去滿足的，它需要更深刻的思考，但是立場是最顯而易見的。對立的立場背後不止有衝突的利益，還有更多的其他利益，所以，協調利益而不是在立場上妥協是行之有效的。

立場是明顯的，但是最關鍵的利益是隱藏在立場之下的。尤其是在談判中，可能對方沒有發現這個能夠讓雙方達成共識的利益。而這時，我們就應該把它找出來，並且就此提出各種解決方案。利益是談判者最本質的關切、需求、憂慮，而立場只是一種外在表現形式。很多立場看起來是單一的、對立的，那是因為我們沒有看到解決利益的多重途徑。利益其實是可以多元化的，那就意味著作為利益外顯形式的立場也不是不可動搖的。

下面我們來看一個例子，看看如果只是單純地從立場出發，我們的談判會是怎樣的情況？

詹姆斯看上了洛克店裡的古董鐘，他們正在討價還價：

詹姆斯：「嗨，夥計，你店裡的那個古董鐘怎麼賣呢？」

洛克：「哦，那個呀，可有些年頭了，做工也很精緻，你看它的鐘擺……（指給詹姆斯看）這個得八百五十美元呢。就它的收藏價值來說，不算貴了。」

詹姆斯：「哇！太貴了！」

洛克：「那你看看這個吧。（指向另一個鐘）這個便宜一些，才七百美元。」

詹姆斯：「不行，不行，我喜歡的是原來那個，但是價錢太貴。」

洛克：「既然你喜歡原來那個，我可以給你打九折。」

詹姆斯：「九折也太貴了。不能再少一些嗎？」

洛克：「真的不行了。」

詹姆斯：「那就算了吧。」

這樣的對話，是談判雙方將重點放在數字本身，但是這種以最明顯、最便捷的方式快速達成交易是比較適用於一次性完結的談判（多數或許是沒有下一次合作機會）。但是，對於更需要建立長期關係的價值型談判，這種顯而易見的討價還價策略影響效果就不是很強了，這種談判需要使用到更關注立場之下隱藏的利益的方向策略。

就以上的對話為例，它可能會有兩個走向，即「成交」或「不成交」，如下列所示：

交易↓成交↓價格滿足雙方需求↓買家改買另外的產品。

價格滿足雙方需求↓賣家探索其真實需求。

換產品↓不成交↓雙方需求和利益無法得到滿足。

為什麼會有這樣的路線圖呢？我們可以來解釋一下。

最後或許買家以七百美元的價格買了他想要的那個古董鐘，這樣的話，這個價格是控制在合理範圍內的，這是比較簡單也是比較常見的成交方式。但是如果買家最想要的那個古董鐘，價格已經降到了賣家的底線買家也無法接受的話，那麼賣家或許會採取這樣的措施。

我們來設想一下他們的對話：

洛克：「嗨，夥計，我已經把價格壓到最低了，真的，像這樣的古董鐘真的只能到這個價錢了，否則，我就吃大虧了，再低我真的賣不了。」

詹姆斯：「唉……我是真的挺喜歡這個的，那就算了吧。」

洛克：「嗯……那我可以問問嗎？你買這個古董鐘是自己收藏還是送人做禮物呢？」

詹姆斯：「哦！這是給我的姑媽做生日禮物的，她對這種復古風格的東西最沒有抵抗力了。或許是真的很美，或許是在緬懷她的青春時光吧！」

洛克：「這樣啊！那也就是說，不一定非要買那個古董鐘呀！來，你過來看看這個（打開收藏櫃，拿出一個梳妝盒）這個雖然沒有特別長的歷史，但也是二十多年前的老東西了。手工非常精細，你看，這裡的鏤空簡直美極了！還有，你看這裡鑲嵌的珍珠和祖母綠！」

詹姆斯：「哇哦——真的，很漂亮的一個梳妝盒呢。」

洛克：「對啊，而且，相對於鐘錶類的東西，我個人覺得，這個梳妝盒更適合女士呢。」

詹姆斯：「嗯，是啊，那這個怎麼賣呢？」

洛克：「一百美元，這可比那個鐘便宜很多呢，而且，就它的價值而言，這個價格真是再適合不過了。」

詹姆斯：「嗯，好的，就要它了！」

我們可以從上下兩段對話裡面看出一個很不一樣的資訊——這兩段對話雖然都有從一樣東西改到另一個東西的技巧，但是上段對話明顯沒探查到對方的真實需求和利益所在——給姑媽買一份有復古感覺的禮物。而在下段對話中，整個交易過程明顯順利了很多。所以，只停留在表面立場（你我只是買賣或者交易關係）上，有些問題是很難解決的。而深入到潛藏在立場之下的利益，那麼，問題的實質也就浮出水面了，這個時候，我們解決起來就會順利很多。

我們不能僅僅將談判瞭解成面對面的語言交流，談判是一個過程，一個思考和行動的過程，對這個過程的思考就意味著我們需要更寬泛的視野去看問題。

立場對立也可以找到共同利益

對立的立場背後既有相互衝突的利益，也有共同利益。我們通常會這樣認為：對方的立場與我們的背道而馳，他們的利益也一定與我們的格格不入。如果我們的利益是要保護自己，那對方一定想攻擊我們。如果我們希望房租盡可能便宜，對方一定會使勁把房租往高裡抬。如果我們想要提附加價值，對方一定會打擊這個要求……

其實在大多數談判中，只要仔細考慮潛在的利益需求，就能發現雙方共同或可調和的利益要遠遠多於相互對立的利益。這就需要我們嘗試著哪怕在立場對立的情況之下，也要學會找到共同利益。

我們在談判開始的時候，如果就設定了彼此的立場——我們的利益是有衝突的，我們根本不可能站在同一條戰線上，對方要做的事情一定是我不能做的，等等。如果一開始如此的話，那麼，這種互不相讓的態度就可能讓整個談判無法順利進行，甚至是全面癱瘓。哈佛商學院教授羅莎貝斯．莫斯．坎特指出：「把你的競爭對手視為對手而非敵人，將會更有益。」

談判存在的條件是非常複雜的，我們不能說彼此是完全對立的，當然，我們也不能輕易說我們一定可以達成共識。利益的情況很複雜，談判條件的情況很複雜，而我們要做的就是在這種複雜的環境中，將可以進行談判的共同基礎優先——將明顯的共同利益、潛在的共同利益優先，而將那些可能讓談判更為惡化、衝突特別明顯的問題居後。努力與對方在一些不重要的問題上取得一致意見，進而縮短談判雙方的距離。或者設法在其他問題上達成協議，使雙方對立的主要問題，有可能出現讓步的徵兆。

當你找到了雙方（多方）的共同利益時，還要試著將你發現的共同利益點進行聚焦和放大。把這種共同利益放在談判桌上，強調你和對方並不是完全對立的，甚至是處於同一平面的。你的行為就是在告訴對方——我和你在立場上並不衝突，至少並不完全衝突，我不會阻礙你滿足自己的需求，但是你也不要來阻礙我，我們是可以透過合理的方案來各取所需的。

例如，一個中小企業希望透過和藥品大賣場合作，「借助大賣場在當地的知名度，提升品牌價值及銷量」，達到其中長期利益目標。而大賣場則認為該企業知名度較低，對合作存在一定顧慮。這時，這家企業如果能夠給予對方一些短期利益，比如較高的利潤空間，就可吸引賣場的關注，在確保大賣場賺錢的基礎上，再與之談判，就很可能達成合作協定。否則，如果雙方只是從自己利益最大化的角度來考慮合作問題，根本不可能達成共識。

有共同利益的可能性總是存在的。尋找共同利益就是透過建立互惠互利的關係，或者有創意性的解決方案來滿足彼此的需求。能夠找到共同利益對談判雙方來說肯定是有益的，從理論上說，這是一定的。但是放在實際中呢？我們要怎麼去發現、創造、運用共同利益呢？

比如，你在談判的時候就應該時常問問自己如下一些問題：

對方為什麼會提出這樣的條件？

對方為什麼會有這樣的需求？

我們是否有共同利益存在的可能性？是否具有可行性？影響有多大？

如果談判擱淺，那麼雙方會有什麼損失？

是否有一個看起來公平公正的協力廠商、資料、資料等讓雙方（多方）都可以相信？

……

當我們做了這樣的心理準備後，還要明白，共同利益不是從天上掉下來的，有時候除了分析，甚至需要你自己主動去創造，需要你自己把共同利益具體化並面向未來。簡單地說，就是你可以提出未來性、預期性的條件來滿足雙方的利益，提出美好的藍圖，創造可以促成談判的共同利益。比如，在簽訂某項商務合約的時候，你承諾五年內引進十家新企業。這個條件可能並未成立，但是可以作為一個預期，是實現共同利益的動力。

為了著重表現共同利益，我們也要對共同利益給雙方帶來的便捷性、利益最大化等做一下「宣傳」，我們不僅要強調共同利益，也要強調共同利益帶來的真正利益。我們需要暗示對方，我們的合作將是愉快的，你的決定將是正確的。尤其是要抓住你們明顯的差異性，也就是所謂的「對立立場」，差異性的存在就說明你們有可能會提出共同利益的空間，差異可能讓你們的談判擱淺，也可能給你們的談判帶來新的進展。

談到共同利益，我們就需要瞭解利益本身，利益不是單一的，它很複雜，它是多元的。你要在談判進入僵局的時候提出可調控的空間，就需要明白這個道理。比如，租房的時候，你既想獲得一份對自己有利的租約，又想要不費力氣儘快達成協議，還想和房東保持良好的合作關係。你的利益不僅在於達成的租約，而且在於實施這份租約。你追求的利益中既有你個人的利益，也有雙方共同的利益。

我們都知道，有一些利益不是顯性的，也就是說，有些能夠促使談判成功的利益點不是可以一眼看到的，往往需要更多的思考、分析，對談判全域的掌控。

提出創意性方案

現在很多人都在訓練自己的創造性思維，為的就是在面對問題的時候，能夠想出更多的解決方法。但是，每一個解決問題的方法都有其不足，創造性的也不會例外，而最危險的，也是最妨礙我們正向思考的阻礙之一，就是我們抓著這些不足大做文章。

我們來看一些簡單的算術題：

1+9=10；2+8=10；3+7=10；4+6=10；5+5=10；……單從個位數的加法來說，得到十的方式可以有很多，更不用說乘法、除法、減法的運算了。其實，談判也如此，我們可以獲得一個良性結果，而得到這個結果的方案其實是很多的。在談判中所制訂的方案，一般都會根據談判的具體要求、實質問題、影響因素，等等，進行策劃和制訂。考慮得越全面，制訂的方案也越可能成功實施，促進談判的順利進行。有時候，甚至可以用十分有創意的方案，比如逆向思維、以退為進等方式說明我們獲得談判的成功。

我們都知道，談判的時候，需求和利益不是一成不變的，這也就意味著影響談判的策略和解決方案也不可能是一成不變的。

我們可以來看看下面這個案例：

因貸款給破產的跨國公司，美國第一商業銀行將蒙受巨大損失。在泰勒斯維爾，由於當地分行儲戶十分擔心銀行可能倒閉，紛紛前往擠兌存款。當地分行的門口出現了長龍一般的隊伍。為了應急，總行決定，將兩千萬美元的鈔票送往泰勒斯維爾。數輛滿載美鈔的卡車馳往泰勒斯維爾。總行副行長阿利克斯迅速趕到現場，作了一場漂亮的公共談判。

「女士們、先生們」，他的聲音鏗鏘有力、清晰洪亮，「我知道，你們有人擔心我們今晚停止營業。這沒有必要。我現在鄭重聲明：為便於本行及時辦理兌款手續，我們將延長營業時間，直到把大家的事辦完為止。」

人群中傳來了表示滿意的嗡嗡聲和自發的鼓掌聲。他的這一招顯然贏得了儲戶的好感。「然而，我想告訴你們的是，在週末你們不可能將大筆錢放在身上或置於家中。那是不安全的。因此，我建議你們將從本行取出的存款存入你們選擇的另一家銀行。為了幫助大家，我的同僚奧塞女士正在打電話與其他銀行聯繫，請他們延長營業時間，以便為大家提供存款服務。」

人群中又傳來了表示讚許的嗡嗡聲，人們從心裡感謝這位為他人著想的副行長。

一會兒，阿利克斯宣佈：「我被告知，已有兩家銀行同意了我們的請求。其他的正在聯繫。」

這時，人群中傳來了一個男子的聲音：「您能推薦一家好的銀行嗎？」

「可以，」阿利克斯回答說，「我本人的選擇是美國第一商業銀行。它是我最瞭解的，也是我覺得最有把握的一家。它開辦時間長，且享有良好聲譽。我希望大家都有同樣的感覺。」他的聲音中帶有一點激動的感情色彩。

阿利克斯的後面站著一對剛兌完現款的老夫妻。男的接過阿利克斯的話頭說：「過去我也這樣認為。我妻子和我在第一商業銀行的存款時間達三十多年。現在覺得貴行有點糟糕，所以把錢取出來了。」

「那又為什麼？」

「傳言很多。無風不起浪，總是事出有因吧。」

「這裡向大家說說真相，」阿利克斯說，「因為原先貸款給跨國公司，我行蒙受損失。但本行可以承受得了，也將承受住。」

老人搖搖頭，「如果我還年輕，又在工作，也許我會如你所說的去冒險一次。但在那裡面的，」他指著妻子的購物袋，「是我們到死所能剩下的所有的錢。這筆錢不多，甚至還不及我們當年賺錢時一半。」

「通貨膨脹打擊了像你們一樣最辛勤工作的善良人們，」阿利克斯說，「但不幸的是，你們存款的銀行將於事無補。」

「小夥子，那我問你一個問題：你若是我的話，這筆錢是你的，你難道不會和我現在一樣這樣做嗎？」

「會，」他坦率地承認，「我想我會的。」

老人感到驚訝，「不管怎麼說，你還算誠實。剛才我聽你建議我們到另一家銀行去。

我表示贊同。我想我該到另一家去。」

「等一下，」阿利克斯說，「您有車嗎？」

「沒有。我就住在離這不遠處。我們步行去。」

「不可以這樣帶著錢走。這樣你們可能遭到搶劫。我讓一個人開車將你們送到另一家銀行去。」阿利克斯說著就招呼羅蘭．汶萊特過來。「這是我們的安全部長。」他告訴那對老夫妻。

「很高興開車送你們去。」汶萊特說。

「你會那樣做嗎？正當我們剛剛將錢從貴行取出的時候——正如你所說的，我們有利益但又不信任你們的時候？」老人問道。

「這也是我們的服務範疇，」阿利克斯說，「除此之外，你與我們在一起三十年了，我們也應該像朋友一樣分手才對呀。」

阿利克斯將老人當作老朋友，老人自然高興。

老人停下步子，「也許我們不必分手了。讓我再問你一個問題。你已經把真相告訴我了。可是你也應知道我們年紀大，這些錢對我們意味著什麼。我們將錢存在貴行安全嗎？絕對安全？」

經過數秒鐘的思考，阿利克斯乾脆而又自信地回答：「我保證：本行絕對安全。」

「嗨，真是見鬼了，弗雷達！」老人對妻子說，「看來我們是虛驚一場了。我們把這些該死的錢再存回去。」老人重新將錢存入銀行後，取款的人群很快散去了。銀行僅比平時晚了十分鐘關門。

由於阿利克斯妥善機靈地處理了泰勒斯維爾分行發生的事情，其他分行沒有跟著出現擠兌現款的現象。阿利克斯這次成功的談判宣傳，終於挽救了美國第一商業銀行。

從上面的案例中可以看出，按照常理來說，阿利克斯應該極力挽留客戶，但是他反其道而行之，從客戶的角度來思考，關注和分析客戶的需求和利益，挽留方案不行，那麼就用逆向方案。我們也知道，一個富有創造力的談判方案是有多大的力量。

那麼，為了尋求富有創造性的談判方案，我們要怎麼做呢？我們可以針對創造性方案的阻礙因素來提出相關的解決方法。

1、當你以為立場和利益是不變的時候，要尋找共同利益。

2、認為對方的問題和自己無關時更要特別關注對方，找到能讓對方接受的方案。

3、判斷過於片面和單一時，要想辦法提出多種其他方案，觀點要放開。

第一點我們已經在上文中有所表現和說明，我們著重闡述一下後兩點。

認為對方的問題和自己無關——談判最大的障礙就是只考慮眼前的利益，而忽視了長遠的影響。因為，人都是相互的，你需要滿足眼前的即刻利益，對方也想要滿足眼前的即刻利益，有時候，雙方的即刻利益可能存在或大或小的衝突和矛盾。同時，交換一下立場來說，你要滿足自己的即刻利益，那麼也需要考慮到滿足對方的即刻利益。不過人都是自私的，如果雙方遇到相同或者不同的問題時，你一旦產生了情緒或者是情感傾向，即你覺得對方遇到問題了，可能會對你有利，並為此而竊喜的時候，你就會有「他們的問題他們自己來解決嘛，為什麼要牽扯上我們？我們又有什麼義務去幫助他們呢？」

有時候對方的觀點或許是正確的，但是你不願意去承認這種觀點的可行性和合理性，似乎只要對方得到了，你就必然會失去。這種過於簡單的劃分和觀點，是不適合談判的。所以，這就直接導致了下面這個問題——判斷過於片面和單一。

觀點畢竟是觀點，就好像談判的想法畢竟是想法，如果要讓它變得切實可行，就需要把它放入到現實的實踐中去，不能憑空想像。這樣的話，針對以上兩個問題，我們就可以提出相應的兩個解決措施——「關注對方，找到能夠讓對方接受的方案」和「提出多種方案，觀點要放開」。

也就是說，你提出的方案只是憑自己的喜好和想像來制訂的話，不僅不會讓對方接受，還會顯得你的方案特別不切實際和可笑。這樣，你的方案雖然很有創意性，卻失去了可行性。而把創意性和現實性結合之後，你提出這個問題，用了和別人或者以往不同的方法，那麼，對方會更加願意考慮你這個新鮮方案的可行性，比起天方夜譚來，顯然後者更有價值和吸引力。

同時，我們也知道，解決一個問題可以提出多個方式，那就意味著多種方案的存在是有必要的。問題有主次，需求有大小，利益有遠近，等等，根據這些不同因素的不同程度，你都可以制訂相關的方案。所以，你的方案有最佳的，最佳替換的等。因為當你決定使用一個方案的時候，你必須要考慮到這個方案失敗以後，你需要怎麼做，你需要再用一個什麼方案來進行補救。我們可以來看看下面這個例子，讓我們能夠更加清楚地瞭解我們所說的這些解決問題的方式。

比如，你想讓你的上司給你加薪。你想要加三千元，但是你的上司只同意加一千元，這個差距讓你很不滿意。這個時候，直接加薪三千元的方案沒有通過，你要是換提出加薪一千五百元，剩下的一千五百元作為各種福利發放的「創意性方案」的時候，你的上司很有可能因為你「史無先例」的方案而感到可笑，他甚至會認為你這個不成熟的想法只是在開玩笑。但如果你提出這樣的方案──根據自己的業績來加薪，那麼你的上司可能會慎重地思考你的提議。

♞ 我們都知道，人是有惰性的，如果一件事情有約定俗成或者是理所當然的解決方法，那麼大家寧願走這條所謂的不用再去浪費心力的「捷徑」。但是在談判中，如果我們也因循守舊的話，那就意味著我們可能失去很多促成談判的機會。

不要過早妥協

所有交易、所有合作都是相互妥協、退讓的結果，在談判中，我們不僅要進攻，必要的時候還要給對方讓一條路，這樣我們才能順利達到成功的彼岸。

退讓需要一定的技巧，有的時候，沒必要讓步，我們就要堅持到底，有的時候只有讓步才能換來新的談判局面，我們就要適時地做出讓步。但是這並不意味著，為了向對方示好，為了讓談判能夠早些結束，我們就一味地接受對方的條件和要求。我們可以退步，可以妥協，但必須要知道我們需要在什麼時候妥協，讓步到什麼程度，並不是對方獅子大開口，你就一定要應承下來。否則的話，後果將會很嚴重，因為，沒有理由的妥協無助於未來分歧的解決。

你一開始就讓步，對方就很有可能接下來提出其他要求，那你是滿足還是不滿足呢？就像是一塊布，只要撕開了一個口子，只要稍一用力，就可以把小口子撕得更大。這種情況下，對方得到的越多，你得到的就越少。你永遠無法保證你的對手是個紳士，你永遠無法保證你的妥協示好能夠起到真正的作用，你永遠無法斷定下一刻對方會用什麼策略。

你可以有妥協的想法或者方案，這個想法或方案，或者是根據實際情況即興產生的，或者是事先就已經準備好的，但是無論哪種情況，你都不能在談判初期就表現出來，甚至在整個談判的過程中，你都不能表現出自己已經有了妥協的意念。

很多時候，人們把妥協策略用在談判中後期，這是一種策略，它能夠讓對方覺得，你的讓步是彌足珍貴的，是應該好好珍惜的，要讓對方意識到，你已經到了逼不得已的地步，才做了這麼一點點的讓步。這樣的話，我們就有理由從對方那裡獲得相應的補償。這是你向對方傳達的資訊——夥計，這是一場談判，不是慈善，既然我已經吃虧了，你是不是也得付出相應的回報。

我們來看看下面兩段同樣場景下不同妥協策略的對話，感受一下妥協用於前期和後期的效果：

這是一次某公司的攪拌機技改專案，供貨內容是將原有裝置上的攪拌器改成量身定制的大型螺帶攪拌器。

前期就妥協的場景：

米娜：「約翰，你好啊，我們又見面了。」

約翰：「是啊，米娜。這次也希望我們能夠合作愉快。」

米娜：「約翰，你知道這次改換的攪拌機定制預付款，比我們之前合作的款項整整高出一倍，而我們公司現在的整體預算是十分有限的，所以，我想改一下付款方式。將一次性付清改為分期付款。我知道這樣的話，你們公司會有些為難，但畢竟我們已經合作這麼多年了，這一點我們不會忘的。」

約翰：「這個我自然是知道的。（之後是商議分期付款事宜……最終以九個月為分期付款時間。）我請示一下上級吧。（出外……請示完畢。）米娜，很高興地告訴你，我的上頭已經批准了。」

米娜：「哦！真是太感謝了！」

約翰：「這也沒什麼，畢竟合作這麼多年，這些信任還是有的。」

米娜：「那好吧，我們現在來簽約吧。（正要下筆的時候，停下了。）對了，如果可以的話，是否可以再送我們一個配套的法蘭盤，你知道之前那個被焊死了，這樣的話，我們也便於安裝。」

約翰：「這個沒問題！」

米娜：「哦！是不銹鋼的大型號的那種。」

約翰：「呃……可是，那種成本……」

米娜：「約翰，有問題嗎？我也希望我們能夠在之後更長久地合作下去。等談完之後我請客。」

約翰：「好吧！我們先簽約吧！」

後期才妥協的場景：

米娜：「約翰，你好啊，我們又見面了。」

約翰：「是啊，米娜。這次也希望我們能夠合作愉快。」

米娜：「約翰，你知道這次改換的攪拌機定制預付款，比我們之前合作的款項整整高出一倍，而我們公司現在的整體預算是十分有限的，所以，我想改一下付款方式。將一次性付清改為分期付款。我知道這樣的話，你們公司會有些為難，但畢竟我們已經合作這麼多年了，這一點我們自己也不會忘的。（提出以九個月為分期付款時間。）」

約翰：「米娜，對於你們公司的預算困難，我感到很抱歉。預算問題每個公司都有，我們也不例外。而且作為小公司，我們對此尤為嚴格。這次你們定制的大型螺帶攪拌器價格之所以這麼高，是因為成本就很高。分期付款對我們來說，真的有些困難，也希望貴公司能夠理解。」

米娜：「我們公司自然是想極力促成這次合作的，但是分期付款專案真是需要你們幫我們一把了。」

約翰：「米娜，我們的目的都是一樣的，但是有些事我真的是愛莫能助。」

米娜：「這樣吧，時間上面我們可以在協商一下，我們公司可以縮短分期的時間。」

約翰：「這個……我恐怕很為難。」

米娜：「我們兩家公司合作這麼長時間了，希望你能給予我們充分的信任，好嗎？」

約翰：「嗯……讓我想想……那麼，貴公司能夠把時間壓縮到幾個月呢？」

米娜：「六個月！」

約翰：「唉……這恐怕有些難，按照目前的情況來說，我們恐怕只能接受四個月的時間。如果時間再長一些，我恐怕真的沒辦法了。四個月，已經是我能給予你們的最大保證了。」

米娜：「呃……那好吧！」

約翰：「好的。如果沒有其他問題的話，我們可以簽約了。」

米娜：「好的。」

從這兩段對話來看，前者是米娜一而再再而三地談條件，獲取利益，而後者卻將對方獲取的利益控制在一定範圍內，也防止了對方再次談條件。

我們需要明白，你所做出的讓步與善意，對方會迅速忘記，不要期望對方會在下一次談判的時候對你讓步，他們的健忘程度超過你的想像。所以，不要輕易過早地做出讓步，哪怕真的妥協，也需要讓對方覺得妥協是十分珍貴的。

每一次讓步後提出更多的要求

當雙方處於衝突之中的時候，適當的妥協和讓步是可行的。但是在談判中，談判方容易忽視對方所做出的犧牲，但是也會根據自己得到的利益而給對方相應的回報。

我們需要明白一個原則——你可以讓步，但是你必須讓對方知道，你的妥協是要對方付出代價的。這就意味著，你正在告訴對方：「嘿！夥計！我已經退了一步了，現在輪到你給出回饋和回報的時候了！這事可不能讓我一個人吃虧呀！」所以，你的妥協和讓步必須要從對方那裡獲得補償，你必須讓對方清楚地看到妥協不是一個人的事，不能讓你單方面受損失。

衝突趨於激烈的時候，讓步妥協不失為一個好方法。下面我們來看一個反面案例：

一九八九年三月二十四日，一艘美國埃克森石油公司的巨型油輪「瓦爾德茲號」在阿拉斯加州威廉太子灣附近觸礁，使得八百多萬加侖原油漏出，在太子灣海面形成一條寬約一公里，長達八公里多的飄油帶。造成這次事故的直接原因是油輪的船長飲酒過量、爛醉如泥，根本無法正常指揮油輪，控制局面。

事故發生以後，埃克森石油公司卻無動於衷，既不徹底調查事故原因，也不採取及時有效的措施清理洩漏的原油，更不向當地政府道歉。受污染地區的地方官員前來與公司交涉解決措施時，埃克森公司的人方面傲慢無禮，以為自己是個大公司，花多少錢都無所謂。但是埃克森公司低估了自己「無冕之王」的作用。

事故的發生地處於阿拉斯加的偏僻地區，少有新聞記者來這裡，只有零星幾個人「隨便拍幾張照片，隨便寫寫」。可是事故發生幾天後，記者們被埃克森公司對新聞媒體的蠻橫態度以及對事故漠不關心的樣子激怒了。於是，電視臺、新聞電影製片廠、電臺、報紙、刊物的記者們雲集在人煙稀少的沿岸受污染地區。他們還煞費苦心地與環境保護組織結伴而來，有理有據地報導了這裡發生的一切。

地方政府、環保組織以及新聞界發起了一場「反埃克森運動」。這場運動甚至驚動了時任總統布希，總統派專人前往調查。這樣一來，埃克森公司陷入了極度被動的局面。他們沒有想到，原油洩漏會導致歐美客戶都來抵制自己公司的產品，也沒有想到自己不明不白地損失了二十多億美元，並失去了公眾的信任，嚴重地毀壞了自己的形象。

埃克森公司的錯在危機引起了公眾反對後，沒有即刻出來說明應對。他們死守自己的利益，似乎覺得一旦承認了錯誤，自己的形象就會大打折扣。

無論起初的媒體態度如何，埃克森公司都「絕不妥協，絕不讓步」，尤其是面對媒體的時候顯得尤其冷淡、忽視，好像這樣就可以將自己的責任撇清，誰知最後卻有更大的損失。

談判是一種互動行為，有進就有退。所以讓步在談判中是一種常見現象。讓步不是出賣自己的利益而是為了獲得更大利益放棄小利益，可見讓步是必要的。不過讓步也要講究原則與尺度。

該如何掌握好原則和尺度呢？

1、不妨在次要問題上讓步。率先在次要議題上做出讓步，促使對方在主要議題上做出讓步。

2、在沒有損失或損失很小的情況下，可考慮讓步。但每次讓步，都要有所收穫，且收穫要遠遠大於讓步。

3、讓步時要頭腦清醒。知道哪些可讓，哪些絕對不能讓，不要因讓步而亂了陣腳。每次讓步都有可能損失一大筆錢，掌握讓步藝術，減少自己的損失。

4、每次以小幅度讓步，獲利較多。如果讓步的幅度一下子很大，並不見得會使對方完全滿意。相反，對方見你一下子做出那麼大的讓步，也許會提出更多的要求。若你是賣者，做出的讓步幅度太大，也許會引起買者對你的產品價格產生懷疑；若你在做出一連串小的讓步後，再問對方：「現在，你打算怎麼辦？」買者也許會因你數次讓步，在協議書上簽字。

5、承諾性讓步最划算。如果你代表公司與經銷商談判時，上司要求你不能在價格上做出任何讓步，而且還要你盡可能做到使客戶滿意時，你不妨試一試以下幾種方法：

（1）虛心聽取對方的意見和要求，對客戶表現出你的真誠及友好，讓客戶接受你，並讓客戶意識到你是可靠的。

（2）向客戶介紹你所服務的公司及你所推銷的產品品質和服務品質，請公司負責人出面向客戶作出承諾。

（3）你可以把公司信得過的老客戶作為你的活廣告，讓新客戶諮詢老客戶，為什麼他們選擇你推銷的產品。

6、正確預估讓步在對方眼裡有無價值。別人並不看重的東西，沒必要送給他。若談判剛開始你就做出許多微小的讓步，對方也許會不僅不領情，反而加強對你的攻勢，因為他知道你做出這些小的讓步有企圖，而且他們並不看重這些讓步。當對方要你做出真正的讓步時，你先前所做的讓步也許早已被人遺忘了。

此時，你再做出讓步，就會吃大虧。如果你先前並沒有做出任何讓步，當對方要求你做出讓步時，即使這種讓步空間非常小，只要你做了，對方就會領情，因為此時他們還需要你繼續讓步。

當然了，每一階段的讓步都要與所讓步的價值相對應。任何事物都有其獨立的兩面性，在一次讓步中，雙方需求不同、角度不同，所表現出的價值存在很大的差異性。在你做出讓步後得到對方回報的過程中，雙方所得到的價值是否對等是讓步的關鍵。

比如在一次交易中，你期望對方縮短結帳期限，你在價格上做出了讓步，而對方的讓步卻是自行提貨，那麼此次讓步對你而言是價值的不對等。

♞ 在談判中，必須永遠留有止步的餘地。即使是一次性談判也是如此，這樣做是為了使自己在最後一分鐘仍持有促成談判成功的籌碼。你必須讓對方意識到他已經把你榨乾，再無半點油水可擠了，你這時的讓步，就會被對方視為為達成協議迫不得已的最後一點犧牲。

經典的讓步策略

在談判中，有些時候我們會處於劣勢。一些沒有經驗的談判者可能會對此束手無策或爭取利益不當，進而導致談判失敗或陷入僵局。其實，這種情況下的明智之舉，應該是透過巧妙地讓步策略來化險為夷，在形勢盡可能允許的情況下最大化自己的利益，最終完成談判。

具體如何去做呢？首先，我們假設自己的讓步分為四個階段，將讓步利益的總份額分為十八份。以下八種方法就是針對不同情況的參考策略。

第一種，這種策略適合應用於我們處於劣勢，或者我們與談判對方關係較好的情況下。

讓步策略：18-0-0-0，即在一開始就全部讓出可讓利益，而在隨後的三個階段裡無利可讓。

策略優點：這種讓步策略坦誠相見，比較容易打動對方，使對方採取同樣的回報行動來促成交易成功。同時，率先做出大幅度讓步會給對方以合作感、信任感。直截了當的一步讓利也有益於速戰速決，降低談判成本，提高談判效率。

策略缺點：由於一次性大步讓利，有可能失掉本來能夠爭到的利益；這種讓步操之過急，會使對方的期望值增大而要進一步討價還價，強硬而貪婪的對手會得寸進尺，而己方可出讓利益已經全部讓出，因此在後三階段皆表現為拒絕，這樣一來就可能導致談判陷入僵局。

第二種，當我們急於成功，但所處形勢不利時，適宜於使用這種讓步策略。

讓步策略：**14.7-0.3-0-3**，即在讓步的初期就讓出絕大部分可讓利益，緊接著大幅度遞減，以至在第三階段為零，最後又反彈，在適中程度上結束讓步。

策略優點：這種讓步策略顯現了突出的求和精神。一開始就做出極大幅度的讓步，增大了對方實行回報的可能性。在第二階段中讓步空間銳減，以至在第三階段為零，這可能打消對手進一步要求讓利的期望。最終又讓出小利，既易顯示己方誠意，又會讓對方適可而止，滿意簽約。此種策略雖然藏有留利動機，但客觀上仍突出的是以和為貴的精神，讓步的藝術性較高。

策略缺點：在初期即大步讓利，顯現出軟弱的傾向，如果對手強硬、貪婪，會刺激他們變本加厲地進攻。在第三階段時完全拒絕讓步，可能會使談判出現僵局。

第三種，當我們處境危險，又不願使已付出的代價作廢時，以超限額的讓步為代價來挽救談判，可以促成交易成功。這種策略富於戲劇性，它要求談判者富有經驗、講求技巧、靈活運用，適用於處在僵局的談判或危難性的談判。

讓步策略：15-3-3--3，即在前面兩個階段中就全部讓完可讓利益，到第三階段是賠利相讓，只是在第四階段以其他的方式討回賠利相讓的利益。

策略優點：這種讓步策略在前三階段超限額地做出讓步，因此具有很大的吸引力，易使陷入僵局的談判起死回生。在對手獲得滿足感後，又巧妙地在最後一個階段以其他方式討回超額付出的利益，極富冒險性與技巧性。

策略缺點：前三階段即超份額地讓出可讓利益，會導致對手期望增大。如果在第四階段向對方回討利益不成功，則會損害本方的利益，甚至導致談判破裂。

第四種，這種策略適用於討價還價比較激烈的談判。在缺乏談判知識或經驗的情況下，以及在進行一些較為陌生的談判時運用這種策略，效果會比較好。

讓步策略：4.5-4.5-4.5-4.5，即在讓步的各個階段中等額地讓出可讓利益，讓步的數量和速度都是均等穩定的。國際上將這種擠一步讓一步的策略稱為「沙拉米」香腸式談判讓步策略。

策略優點：這種策略對於雙方充分討價還價比較有利，容易在利益均沾的情況下達成協議。由於讓步平穩、持久，步步為營，這樣不僅使對手不會輕易占到便宜，而且如果遇到性急或沒有時間長談的對手則會因此佔據上風而獲利。

策略缺點：平淡無奇的讓步模式不僅讓步效率低，通常要消耗雙方大量的精力和時間而使談判成本增高，而且容易使人產生乏味疲勞之感。由於對方每討價還價一次都會獲得等額的利益，這就刺激他們要進一步等待而誘發出要使己方出讓更多利益的欲望。

第五種，此種策略宜用於競爭性較強的談判中，而在具備友好合作關係的談判中不宜使用。不過，這種策略要求談判者本身應富有談判經驗。

讓步策略：2.4–0.9–5.1–9.6，即在開始時在較適當的起點上讓步，然後在第二階段做出減量讓步的姿態，給對方已接近尾聲的感覺。如果對方仍緊追不捨，再大步讓利，最後在一個較高的讓步點上結束。

策略優點：這種讓步策略富於彈性和活力，如果對手缺乏經驗和耐心，則可為己方保住較大的原可出讓的利益。這樣，後兩步的大讓步將讓你的談判對手發現他對談判成功把握較大，進而促成談判完成。

策略缺點：前三階段讓出利益忽少忽多，容易使對手感到己方誠意不足；前兩階段與後兩階段相比，出讓利益反差較大，對方又會因此而增高期望值，可能會力圖繼續討價還價，增加不必要的麻煩。

第六種，要使用這種談判方法，必須是在以合作為主的談判情況之下。

讓步策略：9.6–5.1–0.9–2.4，即在較高的起點上讓步，然後依次減少，到最後階段反彈在一個適中的量度上結束讓步。

策略優點：這種讓步策略在讓步初期以高姿態出現，因此具有較強的誘惑力。到第三階段僅讓微利，易使對手形成尾聲感，進而保留部分可讓利益。對方若再堅持，又會以再獲適中的讓步利益而產生滿足感。柔中有剛，誠中帶虛，應用這種策略，談判者將收到更好的效果。

策略缺點：前兩階段讓步幅度較大，容易使強硬的對手認為讓步方軟弱可欺，進而加強進攻。另外，讓步幅度前兩階段大，後兩階段小，容易給對手以己方誠心不足的感覺。

第七種，假如談判一方對談判的期待值比較高，那麼這種方法將是最佳的選擇。

讓步策略：7.8-5-3.4-1.8，即讓步幅度在四個階段中由大到小，漸次下降，在最後一期讓出較小的利益。

策略優點：這種讓步策略給人以順乎自然，順理成章的感覺，易於為人們所接受。由於採取一步更比一步謹慎的策略，一般不會出現失誤，同時也可以防止對方獵取超限額的利益。這是談判中最普遍採用的一種讓步策略。

策略缺點：對手會形成越爭取，所獲讓步利益空間越小的消極感，談判終局的情緒不會很高。由於它是談判者慣常使用的讓步手法，因此也較乏味。

由於對交易成功依賴性較大，那麼就理應以較大的讓步率先做出姿態，並順乎自然地依次遞減讓步，對手也不易對此產生反感。

第八種，這種讓步策略適用於對談判的依賴性比較小、不怕談判失敗，因而在談判中佔有優勢的一方。

讓步策略：0-0-0-18，即在前三個階段己方堅持寸步不讓，態度十分強硬，只是到最後階段一次讓步到位，促成談判和局。

策略優點：由於前三階段的拒絕與強硬，是以向對方傳遞己方的堅定信念。如果對手缺乏毅力與耐心，有可能使己方在談判中獲得較大利益。當己方在最後階段一次讓出全部可讓利益時，對方會有險勝感及對己方留下既強硬又出手大方的強烈印象。

策略缺點：這種談判方式一開始就毫不讓步很容易使談判陷入僵局，並可能導致談判破裂。這樣，風險性將隨之增長，並且還會讓對方認為己方缺乏談判的誠意。

♞ 己方的任何一次讓步都要獲得一定的價值，不論這些讓步對於你來說多麼微小，只要對方需要，你就要利用它達到你的理想目標。

鎖定戰術使讓步不可能實現

哈佛談判小組曾經做過這樣的一個設想：

在單行車道上，有兩輛車相向而行，兩輛車上都裝滿了炸藥，他們沒辦法立即停車。兩輛車越來越近，一個司機為了提醒另一輛車的司機，卸下了方向盤，扔向了窗外，以示警醒。這個時候，我們就要提問了，另一輛車的司機會怎麼辦？是等著兩輛車都在撞擊之中灰飛煙滅，還是選擇自己撞向路邊的溝裡？

這個是諾貝爾經濟學獎得主湯瑪斯．謝林的著名例子。這種非此即彼的選擇，我們將之稱為「鎖定戰術」（也稱「破釜沉舟戰術」）。這就好比，如果你想要跟出版社談合作，你已經跟你的老闆承諾一定會拿下十個百分點，承諾已下，無論遇到什麼情況，你都要挺著，因為，只要你退步了，只要你放棄了，那麼，你的利益和顏面都會有損失。

鑒於這些原因，這種策略在使用的時候，是需要技巧的。比如，你雖然是在傳達這樣一種資訊——要，或者不要，不要就拉倒！但是語言的表述上一定要十分得體，最起碼在言辭上要讓對方能夠接受。而另一點需要注意的就是，在使用鎖定戰術，表明自己的立場之後，我們也可以向對方友好地表明，如果談判失敗，對方將有什麼樣的損失，損失到什麼程度，這個損失越讓對方覺得觸目驚心，就越能夠動搖對方，同時，保障我們自己不用妥協讓步。

看到這裡，我們可以站到對立的立場來考慮問題，假設我們的對手使用鎖定戰術，我們應該怎麼應對。

如果我們使用一根棍子，分別打在地板和一缸水上面，效果是不一樣的，打在地板上面，我們拿棍子的手會感覺到地板很強烈的反作用力，而打在水上面，恐怕無論使用多大的力氣也是白費勁。所以，面對談判對手來勢洶洶的鎖定戰術，你可以像水一樣，把它輕柔地帶過去，簡單地說，就是別太把對方放出的狠話當一回事，輕描淡寫地帶過就行了。你可以開玩笑順過去，也可以用某種原則作為理由把話推回去，你甚至可以和同行的夥伴一唱一和，一個不發表意見，一個大力反對，等等，總之應對策略是很多的。比如，你可以說：「嘿，萊奧，你的目標要是定得再高些，就可以看到上帝了！（暗指目標定得有些離譜、過分）」你還可以說：「比利，你知道我的個性，我知道自己該做什麼，面對強權，我從不低頭的，所以，該談的問題，我們還是得談。」

鎖定戰術是一種很有風險的談判策略。它雖然能夠讓你堅持自己的利益不動搖，或許最後你也可以實現自己的理想談判目的，但是這種加強自己立場的方式，也削弱了自己對整個談判的平穩控制。因為，一旦你採取這個戰術，就等於你在向對方傳遞這樣的資訊——我要的條件，你答應就答應，不答應就走人，我絕不妥協，絕不讓步。這種赤裸裸的資訊會讓對方十分不舒適，對談判的影響也是可大可小。所以，這種戰術利益大，但是風險也大。它成功的前提是非常複雜的，是受多種因素的綜合影響的。

♞ 對於鎖定戰術，我們還能做的就是不要在森林裡只選擇一棵樹，你找到的樹越多，就意味著你的機遇越多。也就是說，別把自己限定在只和一個人談判、一家公司談判，而要更廣泛地撒網，撈取更多的魚。在這種情況下，哪怕你最後選擇不和對方合作，還有另外的合作機會。

不要設定對方的意圖

假設談判雙方陷入尷尬或艱難的境況，這時該如何處理？假設彼此間出現了認知上的差異又該如何解決？假設情況惡化到出現了情緒上的衝突，又該如何解決？

在上一個小節中，我們講述了在談判的策劃階段談判方所需要考慮的因素。其中關於人的問題，是尤其重要而突出的。因為人是談判中最複雜且多變的因素，許多談判會因為人的變化而產生微妙的變化。

如果放任這種情況繼續惡化下去，那麼有關誰的意圖如何的話題就會變成在陳述事實的時候雙方辯駁的核心內容。繼續下去就和立場談判中互不讓步互相攻擊的過程沒什麼區別了。如此看來，如何有效地在談判過程中管理好意圖，是促使談判雙方走向原則談判，不糾結立場的關鍵點之一。

什麼是意圖？

意圖，是希望達到某種目的。設定對方的意圖，會在很大程度上影響我們的判斷，比如，當我們固執地認為某人有意傷害我們時，我們對待他的態度往往會非常嚴苛。

所以，在這種情況下，我們要做的就是不要輕易設定對方的意圖，讓矛盾與意圖無關。

當我們認為某人絲毫不顧及自己的行為會對我們造成影響時，我們會為此而遷怒於他們；當我們面對別人給自己造成的麻煩或不便，而對方能說出一個合乎情理的理由時，我們通常都會理解和接受。儘管兩種情況都會對我們造成影響，但是我們的反應相差十萬八千里。在意圖的戰爭中，我們總認為對方是故意傷害自己，儘管對方從不承認。這樣我們與對方之間的關係會陷入惡性循環，並且根本不知道如何才能打破這一循環。我們沒有意識到，這個過程中，有兩個錯誤——我們錯誤地猜測對方的意圖；而對方也沒有花時間瞭解他的所作所為給我們帶來的感受和傷害。

那麼，這種情況又是如何產生的呢？我們又是如何從理智變成主動地猜測對方的意圖的呢？

從現實來看，其他人的意圖只會出現在他們的頭腦和心緒之中，我們不可能真正瞭解，我們只是透過自身的感受和觀察，假設對方的意圖。但假設源會受我們自身的影響，我們基於對方的行為對我們造成的影響，做出了關於他們意圖的假設。下一步就是用最壞的假設來猜測對方的意圖，認為他們想傷害我們；認為他們有意冷落或輕視我們，等等。

往往這種對對方意圖的假設都是無意識中產生的，以至我們根本沒有意識到自己的這一結論其實是一種假設。我們沉浸在自己假想的環境裡，完全相信自己所描述的對方的意圖，根本不去想對方可能是另有他意。

為什麼很多時候，我們關於對方意圖的假設通常都是錯的呢？

當你去醫院看病受到怠慢時，你總是下意識地認為醫院的醫生在偷懶；當你收到一張找回的假鈔時，你總下意識地認為這是那個狡猾的營業員故意為之。我們對待自己總是會格外寬容，而以很嚴厲的態度將事情的責任歸咎於對方。

如果我們的假設都是錯的，那麼不良意圖是否存在呢？當然存在，可是因為不良意圖對我們造成的傷害要比我們想像的小很多，而且在沒有聆聽對方的描述之前，我們是根本無法瞭解他們的真實意圖的。

看到這裡，我們能夠明白，輕易地設定對方的意圖會影響到我們對客觀談判的判斷，包括對對方人品的瞭解，對語言的解析，等等。這種錯誤歸結他人意圖的行為有可能要我們自己付出昂貴的代價。

我們認定不良意圖背後代表的是人的不良品性。我們會從不良意圖，延伸到這個人不是好人，我們對他人品性的判斷會為我們對他人的評價染上濃烈的感情色彩，而這一判斷影響的不僅僅是談判，我方與對方的關係也必然會受此影響。我們對某人品性的評價越差，就越容易產生有意迴避他的想法，而我們在背後說他壞話的可能性也越大。

當你發現自己有了「對方好像想要控制整個談判場面」或「他看起來就是一個不好溝通的人」的想法時，請你先問問自己：為何我會產生這樣的觀點？這些觀點是基於什麼事實形成的？

如果你是因為感到自己無能為力，害怕受人操縱或是害怕談判失敗而有了這樣的想法，那麼，請注意：你的結論不過是以對方的行為對自己所造成的影響而形成的，這些事實並不足以幫助你確定對方的意圖或品性。

錯誤地指責他人的不良意圖會引起更壞的結果。對他人意圖的假設會直接影響我們的談判，我們會指責對方的意圖，並認為這樣做可以讓對方瞭解我們所受到的傷害，我們心中的失落、憤怒以及困惑。然後希望透過這樣的方式取得更多的諒解；糾正自己的不當行為；為自己的錯誤向對方致歉。這樣，談判就開始出現了針鋒相對的情緒和立場。

♞ 倘若你因為某件事而痛苦，事實上，使你痛苦的不是這件事的本身，而是你自己的判斷或思想。所以此時此刻，你就有權利來改變這個判斷！

你開的條件要高出你的預期

如何讓談判處於優勢，引導談判過程？亨利．基辛格會這樣告訴你：「談判桌前的結果完全取決於你能在多大程度上抬高自己的要求。」

為什麼要這樣做？我們不妨先閱讀一個小案例：

一九七二年十二月，英國首相柴契爾夫人在歐盟的一次會議上表示，英國在歐盟中負擔的費用過多。她表示，在過去幾年中，英國投入了大筆的資金，卻沒有獲得相應的利益，因此她要求削減英國每年十億英鎊的費用。

這個要求高得驚人，歐盟其他成員國首腦猜測柴契爾夫人的真正目標是減少三億英鎊，於是他們認為只能削減二點五億英鎊。這跟柴契爾夫人提出的需求相差甚遠，雙方一時難以協調。

削減十億英鎊費用並不是柴契爾夫人的真實目的，她的期望值是三億英鎊，可是現在在她的底牌沒有被發覺之前，她決心好好玩一把。柴契爾夫人告訴各國首腦，原則上必須按照她提出的方案執行，並且警告各國沒有選擇的餘地，並採取強硬的態度告訴對手決不妥協。

由於柴契爾夫人頑強地抵制，終於迫使各國首腦做出了很大的讓步。最終歐盟各國首腦同意英國每年削減開支八億英鎊。柴契爾夫人的策略是用提出的高價，來改變各國首腦的預期目標。柴契爾夫人的高起點策略取得了很好的效應。

從這個小案例中我們不難發現高預期的好處。開出高於預期的條件可以讓你有更大的談判空間。

之所以這麼說，道理非常簡單，如果你是買家，你隨時都有機會抬高價格，根本不可能壓低價格；而如果你是賣家，你隨時都有機會降低價格，卻很難加價。也許一開始就這麼做會讓你感覺有些為難。但如果換個角度，由於我們都不願意被對方看作「有些離譜」，也許真正的最優條件可能與你設想中差別甚遠，所以我們都不願開出可能會讓對方噴飯或者直接拒絕的條件。正是出於這種心理，你很可能會降低自身的預期目標，這並不是最理想的結局。

如果在談判的開局階段，就把條件抬到最高限度，同時又讓對方覺得是合情合理的，那麼你就會在談判過程中處於優勢，獲得更有利於自己的結果。需要注意的是，在開出條件之後，你一定要讓對方感覺到你的條件是可以商量的。

開出高於預期的條件說不定會有意外的驚喜。當你開出一個自認為非常離譜的條件時，說不定對方可能非常爽快地接受你的條件。不費吹灰之力就可以獲得最大利益，何樂而不為呢？

開出高於預期的條件，可以大大提高你的產品在對方心目中的價值。

開出高於預期的條件，可以使談判對方在談判結束時感覺自己贏得了談判。

例如，甲和乙都是房產銷售，最近他們分別進行了一場情況相似的談判。儘管兩個人最終都以同樣的價格成交，但甲的談判策略讓對方感覺自己贏得了談判，而乙的談判方法則讓對方感覺到自己吃虧了。

甲的辦法讓他贏得了下一個客戶，這就是在不損害己方利益的前提下，讓對方感覺自己贏得了談判。

所謂「物美價廉」，這只是一種理想的說法，更多時候大家寧願相信「一分價錢一分貨」。設想一下，如果你在申請一份工作，當你提出高於自己預期的薪資要求時，對方會覺得你是一個很有能力的人，這種做法會大大提高你在對方心目中的地位。

Chapter 3

左右談判的時間

Negotiation

選擇合適的時間談判

想像一下你正在打一場激烈的籃球賽，剩下二十秒時，你的隊伍落後四分，而你有辦法讓時間倒退兩分鐘嗎？在比賽中，未必是雙方的能力懸殊才導致一方失敗，而是時間的限制所致。

時間，是我們行事的要素之一，我們做一件事情總會給自己一個時間。做什麼事情都和時間有關係，做這件事你花了多長時間，什麼時候開始的，在什麼時候你取得了顯著的成效，什麼時候完成的。

時間的安排影響著這件事的整體進度，時間的長短也影響著這件事完成的最終效果……比如，你想要哄孩子早點上床睡覺，就需要速戰速決，你不可能跟自己說，我花一晚上的時間來哄孩子睡，如果真需要這麼長的時間，恐怕也沒有勸說的必要了；或者，你的公司要你完成一項艱巨的任務，但是上司只給你三天時間，那這三天時間你又能幹什麼呢？這一聽就讓人覺得是不可能的，是玩笑話；再或者，你要和客戶談生意，你選在晚上大家都熟睡的時候，用一陣急促的鈴聲喚醒對方，然後興奮地說：「嘿，喬恩，我們現在就來談談這次的合作吧！」恐怕除了憤怒的斥罵和急促的電話掛斷聲，你得不到其他的回答……

看到這兒，我們也就明白了，對於談判來說，時間的重要性和正確運用時間的必要性。在談判中，你要做時間的控制者，而不是被時間控制。

首先，你需要有一個正確的時間觀。精準的時間觀念和感覺能夠在談判中幫助你獲得對方的好感、制定準確的談判節奏、適時提出攻防策略，等等。比如，和遲到的人相比，人們更喜歡能夠準時甚至是早幾分鐘到的人，這樣，不僅能夠顯示你對這件事和對談判對方的重視，也可以表現自己的誠意。這種開場就能夠奠定十分友好的氛圍基礎。

其次，時間和心理狀態有關係。例如你要和一家公司談判，當你無法判定是在對方公司附近，還是在自己公司附近選擇談判地點的時候，尤其是在兩家公司針鋒相對的意味較為明顯的時候，你可以選你公司附近的地方。

為什麼呢？這有什麼道理嗎？這就好像為什麼有些情侶或者夫妻，明明已經沒有感情了，卻仍然捨不得放手。他們是捨不得那個人嗎？或許這種成分比較少。他們捨不得的是自己在這份感情中投入的精力和時間。一個人在一件事情上面投入的時間越長，他就越捨不得放棄，也就越希望能夠促成這件事的成功。如果對方花一小時、一天甚至三天（國外）以上的時間才能來到你的公司，他們會在潛意識裡將這種時間投入也算進去。就加強了他們不想放棄的決心。

不只是談判地點，談判到底安排在什麼時候，也會對雙方（多方）有影響，不過談判的性質、情況不同，安排的時間也是有變化的，我們無法給出一個特別統一的原則。但是我們可以用排除法，看看哪些時間不宜進行談判：

1、下午四～六點是精神和肉體比較疲憊的時間段，這個時候，人們倦怠、煩躁，希望獲得休息，所以不宜談判。

2、身體處於疲勞狀態後的恢復期不宜談判。比如，你去國外談合作，最好不要一下飛機就去，由於生理、時差等原因，你的大腦運作可能會受到影響。再有，生病的時候也不要硬挺著去談判。還有，普遍情況下，我們不建議週一進行談判，因為休息日後的第一天，人們放鬆的狀態還沒有恢復過來，沒辦法即刻進入工作模式。

3、緊張的工作之後也不要即刻談判。不要處理完一件和談判無關的事情後，就馬上進入談判狀態，你的思路如果沒辦法理清，就很可能使談判變得很混亂。

……

談判所用時間通常有兩種情況：一種是雙方都沒有表明談判將持續的時間，即處於保密或者隨機應變的狀況；另一種則是事先協商好談判的截止日期。

如果是前者，你需要瞭解對方的時間期限來制定自己的策略。而在時間隨意性較強的情況之下，往往站在最後的人才能笑到最後。而透過拖延時間來獲得更多資訊和制定應對策略就成為一種很不錯的技巧。如果是後者，有一個明確的時間限制，會給人心理壓力，這種壓力有時候會影響談判的氛圍和策略等。

而時間和資訊的輸入也有十分緊密的聯繫。你在對方精力最充沛、精神狀態比較好的時候，提出一個新觀點，往往比在對方疲憊不堪的時候提出更有說服力。而這個新觀點在休息階段也可以給對方更多的思考空間。

我們每個人或多或少可能都有過這樣的經歷——當你在說自己喜歡的事情時，或者在和自己喜歡的人相處時，會覺得時間過得特別快；而當你做著沒有好感的事情，或者處於痛苦之中時，會覺得時間過得特別慢。客觀上說，時間的長短並沒有變化，變化的是人們的心境。這是我們的意志對時間感受的影響，那麼，相反的，時間感受也能夠影響我們的意志，這是相互的。

多花時間在準備工作上

我們參加或者都看過辯論賽，辯論賽開始之前，正方反方不僅要準備好彼此的論點、論據，還要清楚對方的論點、論據，在上場之前需要進行演練，這樣的話，就可以瞭解到一些實踐出來的夾縫中的問題——對方的漏洞，對方可能提出的觀點，甚至對方或許會涉及的問題。

或許有人覺得「時間就是金錢」，我們應該把主要的時間和精力放在對本質問題的處理上。但是，什麼才是能夠影響問題解決的根本因素呢？沒有人能夠給出絕對的答案。在談判中，尤其是商務談判或者國際事宜談判中，任何一個看起來無關緊要的小細節都有可能成為解決談判問題的關鍵，你要是不肯花時間在這個上面，那麼，你很可能錯過獲得最多利益的機會，甚至有可能失去促成談判成功的機會。

所以，花時間在準備工作上，是一項投資。你花費的時間越多，越用心研究，你獲得最終勝利的機會就越大。

那麼，哪些資訊是比較有意義和價值的呢？我們可以來看看下面這個資料：

一、對手訊息

成交的彈性空間、人員資訊、對方對我方的資訊掌控、雙方掌握的訊息量、對方的真實目的、對方的底線等。

二、市場訊息

供求關係（產品生命週期、變化趨勢、市場總量等）；供求資訊（規格、價格、價值、市場需求、產品定位、消費定位等）；競爭者（競爭者經濟優勢、產品品質等）。

三、環境資訊

法規、歷史、風俗、物產、政治制度、商業慣例、宗教信仰、天文地理等。

另外我們可以來看一個哈佛大學商學院的教授迪派克・瑪律霍塔與馬克斯・巴澤曼所著的《哈佛經典談判術》裡非常經典的一個案例。

珍珠投資公司正打算出售漢密爾頓的一處地產，然而地產開發商對這一塊地的興趣不大，因為漢密爾頓地區的法律規定該地不能用於商業開發。在珍珠公司收到的買房方案中，他比較感興趣的是一份昆士開發公司的方案，他們報價三千八百萬美元，打算建一座高級大樓。

雖然對方的報價並不是所有方案中最高的，但是貴在態度真誠友好，珍珠投資公司正在考慮這個方案，不過他們希望在這個方案的報價能夠提高十到十五%，但珍珠投資公司主觀認為對方可能不會接受。

這時，漢密爾頓地區的一家很有實力的房地產公司——第一地產表示對這塊地感興趣，與興建高級大樓相比，第一地產或許會建某種更豪華的設施，這時報價就會更高。珍珠投資公司決定暫緩和昆士的談判，先和第一地產的CEO康妮．維加談判。如果談判破裂，還有昆士公司的方案，不過時間緊急，因為昆士的方案有時間期限（提交方案三天後作廢）。

這時，珍珠投資公司開始搜尋關於第一地產的資訊：第一地產是一家中型規模的公司，主力在住宅大樓的開發。其CEO自公司創立之初就執掌公司，並和政界關係密切。

除了這些，還有一些已經公開的資訊：第一地產七年前花兩千七百萬美元買下了漢密爾頓的那處地產，現在地產已經增值至三千六百到四千四百萬美元，這是住宅大樓的報價，如果是用於建設豪華設施的話還將上探二十％。

設想你是珍珠的談判人員，你可以思考一些問題，珍珠投資公司會和康妮．維加共用哪些資訊？誰先報價更合適？你要怎麼和她斡旋？你的理想利潤是多少？問出這些問題，是為了讓自己更加全面地瞭解，談判之前的準備可能成為我們的致命傷也可能成為轉捩點。所以為談判做更加全面的準備工作，是勢在必行的。

我們首先要為己方做一個預測和評價。

你需要為談判制訂方案，一個方案行不通，必須有最佳替代方案，你需要分析和判斷出可能出現的所有問題，然後，找出自己的漏洞，設想這個方案失敗了，然後就此提出補救措施，這樣你的方案就十分全面了。

但我們要清楚一點，最佳替代方案可能並不是你的最高預期，也可能並不是你認為最合理的方案，它的存在是為了讓你更好地面對現實，就現實的條件和情況進行統一處理。在漢密爾頓案例中，你可以制訂這樣的替代方案：

你可以和第一地產合作，等他們提出購買方案。

你可以轉和你有好感的昆士公司合作。

你甚至可以不出售那塊地。

而在這樣的預測和評估中，我們要看到一個十分重要的東西，也是你必須要在談判中堅持不動搖的東西，就是你的底線。每一個談判者都有自己的底線，這是把自己的利益和損失控制在可承受範圍內的原則。

這個底線或許是能夠浮動的，當你處於優勢或者談判異常順利的情況下，底線可能處於浮動領域的高端，當你處於劣勢或者不得不做出妥協讓步的時候，底線可能處於浮動領域的低端。

比如，案例中，昆士的報價是三千八百萬美元，而在這個價格基礎上還可以漲十到十五%，即四千一百八十萬~四千三百七十萬美元，這可以看作是底線價格。如果談判順利，那麼底線可能是偏向四千三百七十萬，如果談判進入僵局，那麼，底線就有可能偏向四千一百八十萬。

而和第一地產的談判，因為條件是拉高的，所以，底線也要往上浮動，勢必不會低於四千一百八十萬，底線低端甚至可能定在昆士底線領域的中端，即有可能是四千兩百五十萬左右。

對我們自己做了一個大致的評估之後，就可以預測和估算一下對方的資訊判斷。即對方可能給出的最佳替代方案和底線可能是多少呢？而這個估算需要你搜集各方資料，甚至是談判中對方願意和你共用的資料。

比如，第一地產的方案可能是和你合作，也可能是不和你合作，也就是說第一地產的資產可以用於購買你的地產，也可能用於購買其他地方的地產。這是他們的策略和方案。在這裡，如果我們想要知道對方的底線在哪裡，就要思考對方用這塊地做什麼。第一地產可能根據以往的業務習慣將這塊地開發為住宅區（底線價格可能在三千六百到四千四百萬），但是你更應該相信，他們可能在這塊地上建立的是某種豪華設施，初步設定為住宅區建設底線預算的中區，即四千萬，根據上文提到的豪華設施地產上漲幅度的二十%，這塊地可能的價值為四千八百萬，那麼，這塊地的價值就比建築住宅區要高得多。也就是說，這塊地對於第一地產來說，底線可能是四千八百萬。

在整體的自我底線和對方底線的分析之中，可以得知，如果我們要和第一地產合作，那麼購買價格就是在四千兩百六十五萬～四千八百萬之間，也就是說，你不會允許低於四千兩百六十五萬的價格，對方不會出高於四千八百萬的價格。當這個區間確定了之後，我們就有了議價依據，也就是說，你想要利益最大化的話，就要接近第一地產的底線價格四千八百萬。

現在我們明白了，資訊的搜集和對整體環境、狀況、行情等的分析，對於談判方案的確立和策略制定是多麼重要了。你要做的不是按照一個呆板的方案來進行談判，而是要給自己製造一個能夠充分發揮自己長處、優勢，並且能夠靈活調整的談判空間，同時，你需要給自己一個全域觀，這個全域觀意味著你能夠抓住談判的主導權和瞭解談判的整體趨勢。

♞ 依據對各種資料的整合，你能夠大致模擬出可能出現的場面，以此做好萬全的應對準備。談判也是一樣。你需要在談判之前搜集各種資訊，預測各種可能出現的情況，才能有準備地上陣。

你來決定談判節奏

假設你的上司讓你加入一個項目小組，我們可以把它看成一個大議題——「去不去」，但你並不能將這個議題看成是單一的，而是應該將其分割成不同的成分或者階段的小議題來進行討論——「什麼時候去」、「以什麼身分去」、「去多久」以及「如何安排善後」等。

當你想跟老闆要加薪五％時，也可以切割成「什麼時候加」、「分幾次加」、「在什麼前提下開始加」等小議題來討論。同時，我們還要合理安排，對於這些小議題，我們分別應該使用多長時間，比如，討論「什麼時候加薪」這個問題的時候，可以快速地帶入，直接進入主題討論，然後花大部分時間加以探討。又或者，在「在什麼前提下開始加」的時候，將其放在討論的後期。

這種對整體時間和小議題分割的掌控，我們稱為談判的節奏。簡單地說，就是問題怎麼安排，相應階段的時間長短如何控制。在談判中，也就表現為什麼時候提出條件，用怎樣一種技巧和方式提出來，爭取最大利益應該安排在什麼階段，什麼時候可以適當地進行一些妥協，等等。因為節奏要是安排不好的話，會直接影響到談判的結果。一般情況下，我們將談判分為三個階段：

一、初期——關鍵字：迅速

在談判開始之前，我們自然要花大量的時間掌握儘量全面的資訊和諮詢，以助我們能夠有充足的準備，應對談判中可能出現的問題，制定應對的措施。所以，當一切準備就緒，開始談判的時候，就需要我們很快地進入主題討論中，不要就一些無關緊要的問題討論了半天，讓人疲倦了之後才開始解決關鍵問題。儘早揭露雙方的分歧和衝突，就關鍵問題進行談判。

二、中期——關鍵字：平穩

問題已經暴露出來了，就需要就雙方的衝突和利益點進行探討，逐步消除雙方的分歧。我們可以在一開始就解決一些非原則性的問題，算是緩和整體的談判氛圍，創造友好平和的談判氣氛。當然，還需要適當保留一些，以便能夠在後期的時候讓談判表現得更有彈性。然後，再去處理爭議較大的問題。無論你是否處於弱勢，千萬不要一開始為了製造和諧氛圍而刻意妥協，談判中的妥協是一種技巧，是可以存在的，但是不能讓妥協暴露出你的弱勢心理，更不能讓妥協成為對方扼住你咽喉的理由。

所以，哪怕已經做好了妥協的打算，也需要適當地往後安排。這樣，不僅增大了前面時間的談判彈性，也能夠給對方暗示——我的妥協是逼不得已的，是非常珍貴的，所以犧牲的一些利益需要你給我適當地補償，這是一種討價還價的策略。

三、後期——關鍵字：快慢結合

這一階段主要解決的是一些比較複雜的、爭議比較大的談判問題，有時候，甚至會觸及到原則問題。而就這一點來說，這個階段的節奏更能表現出談判雙方的心理素質和水準。能夠快速解決問題，掃平障礙固然是好，如果不能的話，就需要耐心來打慢牌，給自己一些時間去思考如何處理那些爭議，看到意料之外的解決技巧。

談判的階段劃分也是需要我們慎重思考的一個問題，不能單就時間來安排，這還需要考慮到談判內容的難易程度、談判項目的大小，但主要的方向還是較為統一的。我們要明白，這裡的知識資訊只是為我們提供一種參考方案和大致方向，具體到每一個談判中，我們都需要結合實際情況來進行方案的制訂和談判攻略的選擇。

接下來，我們來看一個案例，鞏固一下我們對時間節奏的理解。

在美國，當日本企業與戴爾電腦、沃爾瑪公司、家得寶公司等大企業進行商業往來時，一般都是由這些公司先準備好對自己有利的合約，並要求日本企業全部接受。

某日本中型企業向美國的某大型企業提供電腦配件，本來這家日本企業已經決定不談判直接簽約的，但最後還是找到某事務所委託其為自己爭取一些利益。事務所人員看了雙方的合約，果然多數條款都是對美國企業有利的。事務所指出其中一條，美方公司向日方公司發出的訂單，在送貨上門前，有權隨時取消。

這一條是十分重要的，因為日方企業的配件都是根據對方的規格、型號要求進行生產的，如果生產已經完成，而對方取消了訂單，那麼，後果是十分可怕的，將會給日方公司帶來大危機。同時，事務所人員還發現另外五個原則性強、利益爭議性很強的問題。最後，他們決定採取「高起點出發」的策略。他們連同合約中另外五處原則性不是很強的合約條款，一起向美方公司提出修改意見。

美方公司自然會進行辯駁，在中期階段，日方公司逐漸放棄了原則性不是很強的五項條款的修改要求，而堅持了原則性很強的五項條款不動搖。無論對方如何反駁他們的意見，他們都堅持不鬆口。最後，五項原則性條款得以修改。日方企業為自己爭取了最大利益。

本來是一個一面倒的合約，最後卻能夠化解危機，在處於弱勢地位時爭取到相對有利的條件，不得不說，這和節奏的掌控是有密切關係的。

給對方一個時間壓力

眾所周知，談判都是有一定期限的。失敗的談判，就是到期限的最後一天仍不能簽約。而成功的談判，最遲會在期限的最後一天簽約，有些精明的談判者，還可以促成談判提早簽約。

很多人都想知道那些精明的談判者是如何做到提前簽約的。他們有一個最常用的手段，就是在談判就要結束並即將達成協議時，在「最後期限」上動腦筋。簡單地說，就是在時間上給對方造成壓力，暗示對方「我並不是一定非你不可」。

作為一種社會互動形式，談判不可能無止境地持續下去，它要求談判方必須在一個有限的時間內達成協議；這就會在時間上對參與談判的各方形成壓力。早期的研究者就時間壓力的影響進行了大量的研究，得出的結論也比較一致，比如：談判者提出的要求更低，妥協更快；溝通的準確性降低；更快達成協議；共同收益降低等。這些主要關注的是談判者行為的改變，並不清楚時間壓力是如何改變談判者行為的。研究者經過進一步的探索，發現時間壓力的影響主要在於改變了談判者的資訊加工過程。

談判雙方在簽訂協定後即可運作，雙方何時交易，要有個最後期限。這對於買賣雙方，既是一種保障，也是一種制約。比如，在購買房屋談判中，向買主交付房屋使用權的最後期限，對買方起保障作用，對賣方起限制作用。而買主向賣主付款的最後期限，對賣方起保障作用，對買方起限制作用。最後期限一到，就必須做出最後的決定。如果你對完成此項工作的日期估計有誤，在最後期限之前不能完成交易的話，就要再次與對方談判，要求放寬期限，如果對方拒絕修改協議的話，你也只好承擔責任。

在談判中，有些談判者擺出架子準備進行艱難的拉鋸戰，而且他們也完全拋開了談判的截止期。此時，你的最佳防守兼進攻策略就是出其不意，發出最後通牒並提出時間限制。運用這一策略的具體做法是，在談判桌上給對方一個突然襲擊，改變態度，使對手在毫無準備且無法預料的形勢下不知所措。對方本來認為時間挺寬裕，但突然聽到一個要終止談判的最後期限，而這個談判成功與否又與自己關係重大，不可能不感到手足無措。由於他們很可能在資料、條件、精力、思想、時間上都沒有充分準備，在經濟利益和時間限制的雙重驅動下，不得不屈服，在協議上簽字。

美國汽車鉅子艾柯卡在接管瀕臨倒閉的克萊斯勒公司後，覺得第一步必須先壓低工人薪資。他首先降低高級職員十%的薪資，自己也從年薪三十六萬美元減為十萬美元。隨後他對工會領導人講：「十七元一小時的工作有的是，二十元一小時的工作一件也沒有。」這種強制威嚇且毫無策略的話語當然不會奏效，工會當即拒絕了他的要求。雙方僵持了一年，始終沒有進展。後來艾柯卡心生一計，一日他突然對工會代表們說：「你們這種間斷性罷工，使公司無法正常運轉。我已跟勞工輸出中心通過電話，如果明天上午八點你們還未開工的話，將會有一批人頂替你們的工作。」

工會代表一下傻眼了，他們本想透過再次談判，進而在工薪問題上取得新的進展，因此他們也只在這方面做了資料和思想上的準備。沒有料到，艾柯卡竟會來這麼一招！被解聘，意味著失業，這可不是鬧著玩的。工會經過短暫的討論之後，基本上接受了艾柯卡的要求。艾柯卡經過一年曠日持久的拖延戰都未打贏工會，而出其不意的一招竟然奏效了，而且解決得乾淨俐落。

實踐證明，如果一方根據談判內容限定了時間，發出最後通牒，另一方就必須考慮是否準備放棄機會，犧牲前面已投入的巨大談判成本。可見，在某些關鍵時刻，最後通牒法還是大有裨益的。

但該方法並非屢試不爽，一旦被對方識破，最後通牒的威力可能會反作用到自己身上來。所以，發佈最後通牒一定要注意一些語言上的技巧，要把話說到點子上。

一、提出時間期限時，時間一定要明確、具體

在關鍵時刻，不可說「明天上午」或「後天下午」之類的話，而應是「明天上午八點鐘」或「後天晚上九點鐘」等更具體的時間。這樣的話會使對方有時間逼近的感覺，使之沒有心存僥倖的餘地。

二、發出最後通牒言辭要委婉

必須盡可能委婉地發出最後通牒。最後通牒本身就具有很強的攻擊性，如果談判者再言辭激烈，就會極度傷害對方的感情，對方很可能由於一時衝動鋌而走險，退出談判，這對雙方均不利。

三、出其不意，提出最後期限，這時語氣必須堅定，不容通融

運用此道，在談判中首先要語氣舒緩，不露聲色，在提出最後通牒時要語氣堅定，不可使用模棱兩可的話語，使對方存有希望。因為談判者一旦對未來存有希望，想像將來可能會給自己帶來更大的利益時，就不肯最後簽約。故而，堅定有力、不容通融的語氣會替他們下定最後的決心。

當然，就談判的最後期限而言，它也是可以靈活變動的。有的期限說一是一；有的具有彈性，可以商量。因為，對於不少行業的談判而言，最後期限只是為了盡可能督促對方，並不是存心懲罰對方。因而，你在協議上簽字之前，一定要搞清楚雙方所定的最後期限是否還有活動空間。不過，事情隨時都有可能發生變化，你在簽訂某一協定時，最好別讓最後期限成為自己的枷鎖。

♞ 最後期限還有督促的作用。最後期限到了，你不得不做出決定。如果選擇了這個期限，你就要在期限到來之前完成交易；如果你違約了，後果就由不得你假設了。

用好拖延戰術

人的意志就像一塊鋼板，在重壓之下會變形，如果時間短的話，它還可以恢復原貌，不過時間一長，它就會在壓力下保持彎曲的狀態。這樣的情況在我們的生活中也很常見，當你進入一個新環境的時候，尤其是環境惡劣的情況之下，你會壓抑、痛苦、煩躁等，各種負面情緒都會爆發出來，但是時間一長，人的適應性會讓你自己覺得，你身邊的一切似乎也不是那麼不可接受。

同樣的情況也會出現在談判中，談判時各種惡性阻礙都有可能湧現出來，成為談判的雷區。而面對這種情況的時候，你可以讓時間來淡化這些負面因素對談判的影響，就像鋼板一樣，讓它們慢慢地彎曲。也就是說，你可以拉長談判的戰線，其實，有些條件並不是那麼不可接受，但談判空間還是很大的，你要盡力壓縮對方的要求，擠榨出多餘的成分。我們將這種策略稱為「拖延戰術」。

為了更好地說明這個問題，我們可以來看看下面這個案例：

有一家物流公司，總部位於巴基斯坦南部海岸的卡拉奇市中心。這家公司有合約在身，要替美軍向阿富汗運送重要器材。公司剛完成了一件工作，報酬是五十三萬美元，用百元美鈔付現。公司在卡拉奇接到現款後，將錢分成兩半。一半送到西北六十英里的海德拉巴市，剩下的二十六萬五千美元留在卡拉奇，由公司的一位員工——賈迪德．卡恩在其家中負責保管。但就在幾天後，這位員工被綁架了。

當談判專家準備談判適宜之後，綁匪來了電話。不知道是因為綁匪沒有經驗，還是過分緊張，當他們在要贖金的時候，竟然出了差錯。

「我們要兩百萬盧比！」這是綁匪成員之一尤素夫。

「好的，兩百萬盧比，沒問題。」聽到這個數字挺讓人意外的，兩百萬盧比兌換成美元的話，才兩萬兩千元。這並不是一個讓人不可接受的數字。

然而對方的聲音忽然變得懊惱又無奈起來，「不，不是的，是兩百萬美元！你聽錯了！」

「嘿，夥計，我敢肯定，你剛才說的是兩百萬盧比。」

從這一點來看，對方並非職業綁匪，這樣，談判小組制定的策略就可以更有針對性。每次綁匪一來電話，談判小組就會不停地詢問人質的情況，這種更多的語言交流，讓他們有機會能夠從錄音重聽之中獲取很多有用的資訊。從綁匪所犯的錯誤來說，他們或許只是一些投機取巧的低水準小賊，渴望著用這種手段一夜暴富。

第一通電話綁匪開價兩百萬美元，而談判小組不打算在一開始就妥協，他們想要拖延談判時間，因為，對方並非職業，所以拖的時間越長，把事情辦成的希望也就越大。所以，談判小組狠狠地殺價，只承諾六萬美元的贖金。

第二天，談判小組有了新的策略。他們想要向綁匪傳達一個資訊——公司已經撇下人質不管了，所以，期望從公司那裡拿到大筆贖金是不可能。現在能夠贖出人質的只有人質的家人，而他的家人不是富翁，他們拿不出太多的錢。「嘿，朋友，我想讓你知道，現在卡恩的公司已經放棄他了，能幫助卡恩的只有他的家人，你知道，普通人家是拿不出很多錢的。」

「少廢話，人質都是有錢的！」尤素夫有些氣急敗壞。

「朋友，你知道我們其實是想和你達成協議的，不過如果卡恩出事了，你們就真的一毛錢都沒有了！」

「那就……一百萬吧！」尤素夫有些鬆動。

「我們再去和他的家人商量一下吧！」談判小組還是不想及早同意，因為他們知道，在這樣的情況下，時間拖得越長，對談判人員來說就越有利。之後，談判小組又接到了一個電話，這是另一個綁匪成員阿布打來的電話，他是來確認贖金的（他以為贖金還是兩百萬）。

「朋友，不對啊，尤素夫不是說已經降到了一百萬了嗎？」

「我去確認一下……」之後，從電話裡傳出兩個人爭執的聲音，最後，阿布拿起電話回答，「我不知道你在說什麼」。看樣子，他似乎想賴帳。

「朋友，昨天我們已經和尤素夫談到了五十萬，你肯定弄錯了。」

之後，綁匪又來了電話，他仍然堅持兩百萬。談判小組佯裝生氣，「嘿，你們也太亂了吧！昨天電話裡你們還開價一百萬！這怎麼交易啊！」

之後的談判中，談判小組把六萬提高到了七萬五千美金，而綁匪仍然堅持一百萬。然後，談判小組又提高到九萬七千，而對方鬆口後仍然要求五十萬。後來，方降到三十七萬五千美金，最後，談判小組以二十五萬兩千美金達成了協議。這個時候，已經是談判進行的第八天了。

「已經砍到這麼低了，我還不如殺了他！」

「你就算讓他身首異處然後寄給我們，我們現在也沒辦法多給你錢呀，朋友！」

最後，綁匪又來了一通電話。「好吧，我答應你們，我太累了。」

你在這個拖延的過程中，既要提取、分析對方的資訊，也需要控制對方的情緒，然後，在研究的基礎上，給予對方回饋，這種回饋是良性的，即我們希望達成協議的意願是統一的。你需要不停地暗示和刺激對方這一點。否則，一味地拖延時間，而沒有任何有效的行動，不僅讓對方的情緒更加消極，還讓對方質疑你合作的誠意。一旦對方有了這樣的質疑，你的策略就很可能有反面效果。

在這個策略運用的過程中，你是延長談判時間來達到自己的目的，和製造良性的效果。那麼，這個策略都需要達到什麼目的和效果呢？我們來看看下面的分析：

一、消磨意志

人們在短時間內，非常容易守定堅持，態度會十分堅定，目的十分明確。但是時間一長，人們的意志就會逐漸被消磨掉，更多的惰性就會奔湧而來，這個時候，也是對方倦怠鬆懈的時候，談判的彈性和空間也將被拉大。

二、獲取好感

談判勢必會存在討價還價，但是有些討價還價需要一個緩衝。對方提兩百萬，你砍到六萬，誰都會覺得可笑和不能接受。不過與其在一開始就針鋒相對為此爭論，還不如雙方都留出更多時間，逐漸地達到彼此能夠接受的協議。

三、掃除阻滯

談判中可能會存在很多問題，如果談判時間過短的話，就容易處理得倉促。但如果有充足的時間，就能夠有更充足的準備，針對問題制定全面的方針。

四、等待時機

準備充分，好感到位，方針明確，在這樣的條件之下，你就能夠找到最好的時機促成協議。比如，對方疲憊不堪的時候，哪怕他覺得自己吃些虧也是可以接受的。這個時候，就可以一鼓作氣地促成談判。

♞ 在實際洽談中，這種隱性阻礙還有很多，對付它們，拖延戰術是頗為有效的。不過，必須指出的是，這種「拖」絕不是消極被動的，而是要透過「拖」得的時間搜集情報，分析問題，打開局面。

找出決定權到底在哪裡

許多人總是會理所當然地認為，在與談判對手相見的時候，我們總是希望能夠掌握最終決定權——「嘿！頭兒，把決定的權力給我吧，否則我總覺得心裡沒底！」「老闆，你要是不給我做決定的權力，對方會認為我說的話根本就沒用。」其實，這樣的考慮是情理之中的。但雖然你把決定權握在手中讓自己有「大權在握」的感覺，可是當你真正地明確告訴對方，你的的確確能夠對這筆交易做最終的決定，那麼，從談判技巧上來說，你很容易將自己放在一個不利的、被動的地位上。

為什麼會有這樣「不符合常理」的情況發生呢？你可以這樣想，當你的談判對手發現這筆交易你說了算，他就會明白，只要集中火力把你說服，這次的談判問題也就不大了。一旦你表示同意，他就會告訴自己，這筆交易已經確定無疑了。可是如果你告訴對方，你必須把談判結果向上級彙報時，情況就不一樣了。無論你的上級是區域總部、集團總部、管理層、合夥人還是董事會，你的談判對手都會付出更大的努力來說服你。他知道，自己必須提出一份能夠讓你說服你上司的更合理的方案，而這個方案有可能給你帶來更大的利益。

所以，無論是真實情況如此，還是運用這樣的談判技巧，你都需要為自己建立一個更高的決定權機構。也就是說，你不能讓對方看出你真的能做主定下這次交易。要想讓這種策略最大限度地發揮作用，你所使用的更高權威最好是一個模糊的實體，比如說某個委員會或者董事會。打個比方，你真的見到過銀行的借款委員會嗎？其實，許多銀行家都會說，只要借款的金額在五十萬美元以下，借貸部門就可以直接決定，而無須請示借貸委員會。不過，借貸部門的工作人員非常清楚，如果他告訴你「我已經把你的計畫呈交給總裁了」，你就會說：「好的，那我們現在就去見總裁吧。」可是如果這位工作人員告訴你的是一個非常模糊的實體，你就不可能這麼做。

我們可以來看看下面這個案例：

白宮首席談判顧問羅傑．道森曾經擔任過加州一所房產公司的總裁。他談到自己的一次經歷——有一天，一個雜誌廣告推銷員找到他，向他推銷自己的雜誌廣告空間。羅傑看了他們的廣告空間後，覺得這家雜誌不錯，而對方的報價一千兩百美元也在他的可接受範圍內。

他有心想要和他們合作，但沒有明確地說出來。他只是佯裝為難地說：「我覺得價格其實還不錯，但是我沒辦法做最終決定，我需要請示一下管理委員會的意見。正好他們今晚會有一次會議，我到時候會跟他們說一下這件事，過幾天我再給你答覆吧。」幾天後，推銷員接到了羅傑的電話，「其實現在對你說這些話，我覺得有些尷尬，我本來以為一千兩百美元的價格他們會接受的。沒想到他們覺得不合適，而且我也很難說服他們，畢竟他們最近也在為公司的預算頭疼。他們就報了一個價，不過我覺得有些低了，所以不太好意思跟你說。」推銷員卻說：「那麼他們同意多少呢？」「八百美元。」「哦！你知道嗎？這個價錢在我們公司是前所未聞的。」羅傑也附和：「是啊，我也覺得不太合適，我們的管理委員會真是太小氣了，不過畢竟現在公司的狀況必須讓他們考慮良多，這些也希望你能理解。」推銷員沉默了一會兒，回答道：「那好吧，我答應了。」

知道了這個策略，當立場換過來之後，我們就要清楚地瞭解，對方是否有決定權。很有效的一種方法就是設法知道對方組織內部決定做出的程式，以及與己方談判的人員在其內部是否有決策的資格，即個人的地位、權威、力量等。

瞭解談判對方組織中的決定是怎樣做出來的、誰具有決定權、誰審查他們、資金由何而來、最後的決定由誰來做出，等等。在談判的過程中，必須使得磋商儘快接觸實質性的問題，而不能在原地兜圈子，其目的就是讓對手暴露出他沒有決定權的「真實面目」，並催促其及早向他的上級彙報請示。但在這個過程中，注意保持氣氛的平和友善，對事不對人，不要把攻擊的焦點放在對方身上。

無論對方是否有決定權，我們都要從語氣和態度上尊重對方，畢竟，談判是一種建立關係的過程。

力爭對方最後一個「小的讓步」

利益的爭取是可以在談判的每分每秒的，為了最大化達到自己的目的，哪怕是到簽協議的時候，也不要輕易簽字。即使到了最後一秒，也可以讓對方做出讓步，無論是小的還是大的。

當然，提出的附加價值的要求不能推翻已經達成的協議內容。如果連已經達成的協議都推翻了，那就得不償失了。哈佛商學院的談判內容中關於「讓步」，是做這樣的觀點——讓步是可以的。但是你要知道自己為什麼讓步，怎麼讓步，怎麼透過讓步獲得相應的利益。

比如，你想購買一輛二手車，雙方已經談妥成交價。但是你不要急匆匆地簽字，你要向對方提出最後一個小小的要求，但不要令對方感到是負擔。你可以嘗試說：「幫我把車內的坐墊換成新的吧。」也許對方會說「換坐墊要收費」，看起來似乎也有商量的餘地，這時你可以表露出猶豫的神情。當然，這也要視當時的情形而定。對於最後的一個小要求，對方或許會說：「真是沒有辦法。我們會為你更換坐墊的。」

運用這種技巧就要求我們能夠尋找到附加價值。但是在談判的時候，我們容易犯兩個錯誤，即對附加價值的要求要不過緊要不過鬆。過緊的時候，就是過於注重附加價值，咄咄逼人，以至讓之前的談判都受到了不良影響；過鬆的時候，就是在起初就沒想過，或者是提出要求對方不同意之後就趕緊放棄，以至喪失原本可以得到的利益。其實，附加價值也是談判整體目標的表現，不是透過積極妥協，而是更有技巧地，甚至能讓對方更為主動地將這個附加價值給你，就是更高端的手法了。

尋求附加價值不是單一的技巧，這需要整合你在談判之前的整體分析，需要你有一個大局觀和長遠的眼光。你需要看到自己能夠獲得的利益，需要明白這個利益從何而來，你是否能夠找到附加價值，是否能夠使利益最大化。這要你去思考整個談判，需要你在談判前就能夠作出一個大致的判斷。所以，這就要求你不能為短期的、即刻的、眼前的利益蒙蔽，而要考慮更多深層次的、還未被挖掘出來的利益。因為談判的形式非常複雜，不是每一場談判都是最簡單的一對一的形式，它可能是多方談判，也可能在談判中需要多方溝通，這就需要更多維的角度了。

比如，很多女性買化妝品，無論是去小店還是大商場，她們在購物的時候，除了考慮這個產品的性價比、適用性，等等，還會在即將結束購買的時候向店員諮詢，是否有小樣贈送，套裝是否優惠，是否有小禮品贈送之類的問題。就己方來說，交易即將達成，已經是板上釘釘的事實了，那麼，為什麼不在最後一刻再提一些可能會被滿足的要求呢？同樣的價錢，你卻比別人得到更多，何樂而不為呢？而對於對方來說，這次的交易即將順利結束，這個時候，你提出的附加要求，如果在對方的可承受範圍內，一般情況下，對方是不會拒絕的。因為，這個時候的附加價值就等於建立了更加長遠的關係，也就是賺取回頭客。因為，如果對方提供給你的價值是別人沒有的、或者是大於別家的，那麼，你對這家店就會有好感，那就意味著你和對方可能再一次合作。對方就能夠取得優先權。

這些，都是需要用更為長遠和全面的思維去考慮的。或許有人會問，力爭對方最後一個「小的讓步」直接用不就行了，為什麼還要考慮那麼多呢？

我們用下面這個案例來說明一下：

瑪菲麗是一家新開的公司，想要售出某產品，這家公司雖然新興卻資產豐厚，所以，當它想要找合作對象的消息放出之後，就即刻吸引了許多供應商。經過長時間的篩選，這家公司的管理人員定下了三個供應商。這個時候，為了選取合作夥伴，他要求對方提出他們的報價。結果，第一家公司報價一百二十五萬，第二家公司報價八十八萬，第三家公司報出九十五萬。

瑪菲麗公司看到報價後，直接排除了第一家公司，理由是差價太高，讓人懷疑對方的合作誠意。而第二家和第三家公司則因為報價接近，所以分別進行了談判。在談判的時候，第二家公司聲稱，不可能有更低的價格了。因為價格低廉，產品品質差別也不大，最後瑪菲麗公司選擇了第二家作為合作夥伴。

這樣的決定，看起來似乎十分合理，但如果我們能夠仔細思考以下問題的話，多數人可能就不會這麼做了。

1、是否應該在第一輪的時候直接排除第一家公司。沒錯，第一家公司的報價的確相對後兩家要高很多。不過這也就意味著，我們能夠在之後的談判中將價格壓低，也意味著我們能夠最大限度地「榨取」附加價值。「價格這麼高的情況之下，你有什麼優勢讓我們公司來選你呢？除了產品本身之外，你還能夠為我們公司提供什麼來加大你的競爭力呢？」也就是說，在談判中，這家公司的附加價值空間有可能比其他兩家要大，再進一步推論，這就意味著這家供應商的產品加上附加價值有可能大於其他兩家供應商。

2、即使排除了第一家，再和第二家、第三家公司談判的時候，僅僅以價格為標準是否合理。其實，和兩家供應商談判的時候，完全可以利用這兩家公司的競爭，為自己帶來更多的附加利益，比如，分期付款、延期付款、更高品質的售後服務，等等。而不是把這兩家公司割裂開來，自己進行對比，然後獲得交易說定的乾巴巴的產品，而沒有任何多餘的利益。

很多時候，當你以為自己贏的時候，你已經輸了，當你看起來似乎受益的時候，你其實已經在無形中提高了自己的成本。

「換擋」：調整議題

不是所有談判都是一次性就能夠成功的，只要談判雙方（多方）還想要追求彼此的利益和需求，就需要不停地談判下去，這是一種堅持，更是促進談判達成的藝術。

大多數人在談判中感到疲倦的時候，會做出一些讓步。締結協議的一個方法可以是首先同意一個仍有點粗略的整體框架，然後完成協定的其餘部分，因為此刻，合作關係已取代對抗，雙方放下了武裝。但不要鬆懈，談判的結尾依然很關鍵。這時你應制定自己的精神原則：不要想著妻子和孩子能夠早點見到我是多麼的開心啊！或者，我要好好地睡上一覺，忘掉這幾天的不愉快！等等。你必須戰鬥到最後一刻。因為越是在可能完成談判的時候，你越要有這樣的預想——對方可能拿著合約，指著其中的一點說道，這一點的存在我們覺得極不公平，看來我們要重新開始了。這種情況不會少見，因為在不同的談論議題中，各種情況都有可能發生。

如果你認為談判即將成功結束，自己可以懈怠下來的時候，你要相信，你的談判對手正在等著這一時刻。而你的反應，有可能威脅到整個協議。所以，越是即將接近尾聲的時候，越是你疲憊不堪的時候，你越要保持冷靜。

試想，如果已經連續機械式的運作了一個上午，腦力加體力的消耗讓人有種快要喘不過氣來的感覺。這個時候，多數人會怎麼做呢？

他們會停下來，或者泡一杯茶站在窗邊遠眺一會兒，或者找個靠椅躺著聽一下音樂，或者乾脆在午餐時間美食一番……你可以停下手頭的工作，做任何你想做的事情，等整個狀態和情緒恢復常態後，再回到工作上來。這種暫時的休息，我們稱為「換擋」。你會發現，花一個小時時間「換擋」來調整狀態，然後再進入到工作中三小時，比連續工作八小時的效率有所提高。

《哈佛商業評論》曾經提出過一個研究結論——放下工作能夠給工作帶來意想不到的好處。負責這項研究的哈佛商學院教授佩羅說，波士頓諮詢公司的十二個諮詢小組的成員被要求每人每週固定休息一段時間，他說，事實上我們必須迫使一些專業人士放下工作。但這樣做的結果令哈佛研究人員和波士頓諮詢公司的管理人員都大為驚訝。由於要通力合作，確保每位諮詢師都能有時間休息，這就迫使各個小組加強溝通，分享更多個人資訊，而且形成了更好的關係。他們還必須更好地進行規劃，簡化工作程式，從對訪問客戶的結果看，這種情況有時帶來客戶服務的改善。

那麼，我們怎麼來理解談判中的「換擋」呢？談判中的所謂「換擋」，就是在談判進行時設法改變中心議題。事實上，許多談判，如公司、政府、自治團體以及各種工會間的談判正是如此。無論遇到什麼問題，你覺得疲憊了，想要結束了。你都要在下一刻將這種想法拋棄。因為談判成功的前提是，你們必須還在進行著談判！

而「換擋」技巧不僅可以暫時緩解一下一個問題、一個瓶頸、一個困難帶來的單一性僵局，還可以用滾輪戰術讓對方措手不及。比如，假設你代表資方，那麼，對於勞方接二連三提出薪資問題、醫療問題，乃至休假問題——這就是「換擋」，隨時改變議題的技術——或許會感到不滿，窮於應付。然而，為了顧全大局，無論如何，你都必須做到「使談判繼續下去」的基本要求。

無論你怎麼「換擋」，無論議題怎樣豐富，你需要有這樣的表現（尤其是你特別想要持有對方的某種頗具影響力的資產，比如公司、專利、土地、名畫、鑽石、古董或馬匹，等等）——「我其實並不是很想要你手中的東西」「我對這個需求也不是很大」……這種漠然，或者說客觀的態度就不會讓對方察覺到你「極其想要促成這次談判成功」的意圖，因為只要讓對方發現了你這個「不可抗拒的需求」，就等於親手遞上了自己的把柄。

對方如果有意中止談判，便不可能眼睜睜地聽任你採取隨意改變話題的「換擋」技術，除非此話題他甚感興趣，或者對談判本身非常重要。當然，如果你的談判對手是個經驗不足或缺乏動力的人，那就另當別論了。在非重要的談判中，當你想改變話題時，應事先向對方說明改變話題的理由，以取得其諒解，進而讓其毫無異議地接受你的提議。

但有時候我們也要懂得一個道理，那就是當一些堅持已經沒有必要時，我們要懂得在什麼時候該走開了。放棄並不意味著你輸了，也有可能是換一條路的話，或許有更好的結果。

二十世紀八〇年代的大部分時間裡，美國東部航空公司和機械工人聯合會進行著緊張激烈的談判。最終他們的談判破裂，導致公司破產，雇員失業。

這種談判破裂的局面通常是可以避免的。談判一般是僵持在一個問題上。如果發生這種情況，繼續往下談，找到你能找到的大量能達成協議的領域，然後再回到那個有爭議的問題上來，問題通常是可以解決的。然而有時僵持局面一時無法打破，瞭解你的選擇權將會提高你的談判能力。

想像一下，你在一家汽車特許經銷商那裡，問問自己，如果我不買這輛車，我選擇什麼？得出的結果是：去找另一家經銷商，購買一輛不同的車。

♞ 一旦你為自己找出更好的選擇方式，你以前認定的「最好買賣」可能就不那麼十全十美了。

別把簽約當終點

談判者經歷了有巨大壓力的談判過程之後，終於走到簽約這一步，不少人開始鬆一口氣，將這裡當作終點，卻不知道，許多交易最終敗在這一刻，談判桌上的問題導致無法付諸實施並創造價值，而整個談判歷程也變得毫無意義。

許多交易表面看來非常完美，但實際上永遠無法有效付諸實施，並創造出價值。追根溯源，問題就出在談判桌上。事實上，被大家視為交易核心人物的談判者，常常就是使簽訂的交易最終遭遇滑鐵盧的人。

從談判簽約最基礎的角度分析，談判是為了爭取主動，而簽約是為了利益。商務談判中的各項談判工作固然重要，但即使談成了業務，如果不簽訂合約，雙方的權利義務關係不固定下來，以後執行就可能成為問題。所以說，合約的簽訂不可忽視，而且合約的簽訂不僅是商務談判取得成果的標誌，也是這個專案的開端。

談判雙方經過你來我往多個回合的討價還價、較量與讓步，就商務交往中的各項重要內容完全達成一致以後，為了明確彼此之間的權利和義務，同時也為了以後的履行提供一個標準，取得法律的確認和保護，一般都要簽訂商務合約。因此，簽約工作做得好與壞關係到整個商務談判是否取得了成功，它是全部談判過程的重要組成部分，是談判活動的最終落腳點。簽約意味著全部談判工作的結束。

什麼時候可以提出簽約？有經驗的談判者總是善於在關鍵的、恰當的時刻，抓住對方隱含的簽約意向，或巧妙地表明自己的簽約意向，趁熱打鐵，促成交易的達成與實現。但這個時機要如何把握，促使談判向協議達成邁進呢？如何洞察、把握簽約的意向，向協定的達成邁進？如何抓住最佳時機、當機立斷，立即簽約？這是談判者應該掌握的基本技巧。

在確定了雙方已經基本完成各項問題的討論，並進入尾聲的時候，可以留意對方的信號，同時適當地拋出己方的信號，例如，表示自己的觀點已經闡述完畢，如上所述等。討論完畢之後，必經的一個步驟就是最後一次報價，這裡專家提醒：

1、不要過於匆忙報價，否則會被認為是另一個讓步，令對方覺得還可以再努力爭取到另一些讓步；如果報價過晚，對局面已不起作用或影響很小，也是不妥的。

為了選好時機，最好把最後的讓步分成兩步，主要部分在最後期限之前提出，剛好給對方留一定時間回顧和考慮。次要部分，如果有必要的話，應作為最後的「甜頭」，安排在最後時刻做出。

2、最後讓步的幅度大小也應該控制，因為最後讓步必須足以成為預示最後成交的標誌。在決定最後讓步幅度時，一個主要因素是看對方接受這一讓步的人在對方組織中的位置。如果讓的幅度比較大，應是大到剛好滿足較高職位的人維持他的地位和尊嚴的需要。

3、讓步與要求應該同時提出，除非己方的讓步是全面接受對方現時的要求，否則，必須讓對方知道，不管在己方做出最後讓步之前或做出讓步的過程都希望對方予以回應，做出相應的讓步。比如，在提出己方讓步時，示意對方這是談判個人自己的主張，很可能會受到上級的批評，所以要求對方予以同樣的回報。

由於簽約是一個很嚴肅的商務活動，其細節也不容忽視，主方應會同有關各方一道指定專人，共同負責合約文本的定稿、校對、印刷、裝訂、蓋章等工作。簽署涉外商務合約時，比照國際慣例，待簽的合約文本應同時使用有關各方法定的官方語言。

為了談判的成功，談判人員應該有更清醒的認識。牢記最終目的，協助對方做好準備，將協調一致視為共同的責任，保證資訊的一致性，將談判當作一項業務流程進行管理，這些都是談判團隊應該做到的。

如何在這些方面做到最好，專家提出了一個練習方法，那就是談判團隊在做準備工作時，可以想像一下交易合約簽訂了一年之後可能遇到的各種各樣的問題。

專家還建議，最好不要試圖透過讓對方措手不及來取得優勢，因為如果對方沒有進行某方面的深入思考，有可能取得成功，但是錯誤的決定對雙方今後的長期關係沒有好處，而如果對方已經準備充分，這個方法也就失去了作用。

一旦簽訂合約，談判團隊就必須及時向所有人員通報交易的條款和為了達成最後的協議所做的取捨。這一點非常重要，無論是對己方還是對對方來說，如果將合約交與各個執行團隊時不作任何解釋，那麼各個團隊對交易目標、談判者的意圖都將形成不同的看法，一方面不利於公司內部的團結，另一方面有可能影響到協議的執行程度，甚至造成談判的結果失去實際意義。

還有最後的一個工作是把規範的談判準備流程和談判後的評估結合起來。因為談判後的評估是要針對談判的各個階段進行統計，分析與總結，因此如果談判準備流程按規範實施，在提高工作效率的同時，還可以與評估相結合，直到最後的協定簽訂都可以記錄並為以後的長期發展提供參考。

目前更多的專家提出，傳統的簽約式談判觀念，使得大部分的談判人員把談判之後簽訂合約作為最終目標，甚至只看簽訂交易的數量和規模來評估談判者的工作，這種觀點註定只能適應於短期發展，而無法促進談判能力的整體提升，並且對最終專案的展開也無法提供任何幫助和指導意見。

與這種觀點相似的，有管理學家提出，公司及其談判人員都應該更新談判觀念，不再局限於盡可能獲得最優惠的交易條件，而是探尋以後建立長期健康的合作關係，從簽約式向執行式發展，能夠更大程度上確保專案的順利展開和進行。

♞ 談判結束後，專案開始前，所有的談判人員都不應該放鬆，這是一直以來談判過程的最終實現，如果在最後關頭沒有把好關而出現了失誤，相信這是所有談判者最不願意看到的。

說服人的關鍵

理由是說服人的關鍵，也是根本，因此我們在說服別人的過程中最具說服力的方法，就是強調最大最關鍵的理由。

多年以前，拿破崙．希爾曾應邀向俄亥俄州立監獄的服刑人發表演說。他一站上講台，立刻看到眼前的聽眾之中有一位是他在十年前就已認識的朋友——D先生，D先生此前是一位成功的商人。

拿破崙．希爾演講完畢後，和D先生見了面，談了後發現他因為偽造文書而被判二十年徒刑。聽完他的故事之後，拿破崙．希爾說：「我要在六十天之內，使你離開這裡。」

D先生臉上露出苦笑，回答說：「希爾，我很佩服你的精神，但對你的判斷力卻深感懷疑。你可知道，至少已有二十位具有影響力的人士曾經運用他們所知的各種方法，想使我獲得釋放。但一直沒有成功。這是辦不到的事！」

大概就是因為他最後的那句話——「這是辦不到的事」——向拿破崙．希爾提出了挑戰，他決定向D先生證明，這是可以辦得到的。

拿破崙．希爾回到紐約市，請求他的妻子收拾好行李，準備在哥倫布市——俄亥俄州立監獄所在地——停留一段不確定的時間。

拿破崙．希爾的腦海中有一項「明確的目標」，這項目標就是要把D先生弄出俄亥俄州立監獄。他從來不曾懷疑能否使D先生獲釋。他和妻子來到哥倫布市，買了一處高級住宅，像要永久性地住下去一樣。

第二天，拿破崙．希爾前去拜訪俄亥俄州州長，向他表明了此行的目的。拿破崙．希爾是這樣說的：

「州長先生，我這次是來請求你下令把D先生從俄亥俄州立監獄中釋放出來。我有充分的理由，請求你釋放他。我希望你立刻給他自由，為此我準備留在這兒停留，等待他獲得釋放，不管要等待多久。在服刑的期間，D先生已經在俄亥俄州立監獄中推出一套函授課程，你當然也知道這件事：他已經影響了俄亥俄州立監獄中二千五百一十八名囚犯中的一千七百二十八人，他們都參加了這個函授課程。

他已經設法請求獲得足夠的教科書及課程資料，而使得這些囚犯能夠跟得上功課。難得的是，他這樣做並未花費州政府的一分錢。監獄的典獄長及管理員告訴我說，他一直很小心地遵守監獄的規定。當然了，一個能夠影響一千七百多名囚犯努力學習的人，絕不會是個壞傢伙。我來此請求你釋放D先生，因為我希望你能指派他擔任一所監獄學校的校長，這將可使得美國其餘監獄的十六萬名囚犯獲得向善學習的良好機會。

我準備擔負起他出獄後的全部責任。這就是我的要求，但是在您給我回答之前，我希望您知道，我並不是不明白，如果您將他釋放而且您又決定競選連任的話，這可能會使您失去很多選票。」

俄亥俄州州長維克・杜納海先生緊握住拳頭，寬廣的下巴顯示出堅定的毅力。他說：「如果這就是你對D先生的請求，我將把他釋放，即使這樣做會使我損失五千張選票，也在所不惜……。」

這項說服工作就此輕易完成了，而整個過程耗時竟然不超過五分鐘。三天以後，州長簽署了赦免狀，D先生走出監獄的大鐵門，他再度恢復了自由之身。

拿破崙・希爾之所以能夠成功地說服州長，和他的周密考慮和精心安排是分不開的。拿破崙・希爾事前瞭解到，D先生在獄中的行為良好，對一千七百二十八名囚犯提供了良好的服務。當他創辦了世界上第一所監獄函授學校時，他同時也為自己打造了一把打開監獄大門的鑰匙。

既然如此，那麼，其他請求保釋D先生的那些大人物，為何無法成功地使D先生獲得釋放呢？

他們之所以失敗，主要是因為他們請求州長的理由不充足。他們請求州長赦免D先生時，所用的理由是，他的父母是著名的大人物，或者是說他是大學畢業生，而且也不是什麼壞人。他們未能提供給俄亥俄州州長充分的動機，使他能夠覺得自己有充分的理由去簽署赦免狀。

拿破崙・希爾在見州長之前，先把所有的事實研究了一遍，並在想像中把自己當作是州長本人思想一遍，而且弄清楚了，如果自己真的是州長，什麼樣的說辭才最能打動州長。拿破崙．希爾是以全美國各監獄內的十六萬名男女囚犯的名義，請求釋放D先生的。因為這些囚犯可以享受到D先生所創辦的函授學校的利益。

他絕口不提他有聲名顯赫的父母，也不提自己以前和他的友誼，更不提他是值得我們幫助的人。所有這些事情都可被用來作為請求保釋他的最佳理由，但和下面這個更大、更有意義的理由比較起來，就顯得沒有太大的意義。

這個更大、更有意義的理由是，他的獲釋將對另外的十六萬名囚犯有很大的幫助，因為他獲釋之後，將使這些囚犯享受到他所創辦的這個函授學校的好處。因此，拿破崙．希爾靠著這個最大最關鍵的理由獲得了成功。

首先，勸人應當在當事人還沒有打定主意時進行。當事人在作出決定之前，會把各方面因素放在一起考慮、判斷，這時勸說人的意見會比較容易被納入他的參考因素裡面，進而會對決定的結果發揮到影響作用。但如果人已經作出最終的選擇，這時候再去勸說，往往他會礙於面子或者因為有了傾向的暗示，不會採納勸說人的建議。

其次，可以在他人猶豫不決時勸說。當一個人剛剛作出決定，開始實施的時候，即便看出這個決定行不通，但當事人正雄心勃勃，他人的意見很難被接受，這時可以耐心等待，等到執行的過程中出現了問題，當事人的信心開始動搖的時候，勸說人再拿出建議，這樣被採納的機會會更大一些。

最後，在他人情緒激動的時候，勸人很難取得應有的效果。這時當事人的思想完全被情緒控制，任何勸說都不會動搖他的信念，這時說出和他意見相左的話，只會讓他的偏執更極端。

♞生活中每個人都要作出很多決定，由於各人對問題的認識，擁有的經驗，看問題的方式不同，可能別人要做的決定，與我們的想法不同，這時候適當地勸說會讓當事人做出更明智的決定，但要注意，勸說的時機是非常重要的。

關鍵說話術:

成為談判高手

必學的白金法則

Negotiation

Chapter 4

理性之外的談判

情感，既是談判的障礙也是財富

不要只是把談判當作冷冰冰的機械運作，而是要考慮到活生生的感情因素。談判雙方是人，當然會受到情感的影響。這是再理性的談判都無法避免的一面。

哈佛商學院關於「談判」與「情感」的聯繫和認知非常客觀又充滿人文關懷。對個人而言，一場談判越重要，他就會變得越不理性，無論是事關世界和平，還是一宗百萬美元的交易，或是你的孩子想要一個冰淇淋。

不理性就會導致情緒化，情緒化就會導致無法傾聽別人的想法，因此別人無法說服他們。對失去理性的人說再多也是枉然，尤其是講道理。要盡力體會對方的情感世界，做到感同身受。如果有必要，不妨向對方道歉，重視對方，或提供其他一些能讓對方頭腦清醒的東西。

我們可以以雷諾日產聯盟當年的併購來討論一下我們此刻的觀點，這個案例向我們說明了聯繫情感，建立信任關係和長久的社會關係的重要性。尤其是談判前的準備，使這次談判成為透過情感圓滿結束談判的經典案例：

雷諾汽車是法國汽車製造企業。一八九八年十月，路易．雷諾在布洛涅比揚古創立雷諾工廠，後改組為雷諾股份有限公司，生產各種車輛。一九一四年，田建治郎等人創建「快進社」，於一九三四年改為日產汽車公司。日產公司生產的轎車品牌很多，NISSAN是日語「日產」兩個字的羅馬音形式，是日本產業的簡稱，其含義是「以人和汽車的明天為目標」。

不過日產從一九九二年開始轉入經營不佳的狀況，除了一九九六年情況略有改善，年年都出現巨額虧損。一九九八年的赤字更高達一百四十多億日元，甚至把累計債務總額提升到兩萬五千億日元。

後來，日產雖然實施一定規模的改革，包括變賣總公司大樓，出售子公司股份，關閉最現代化的座間製造廠，同時也精簡組織裁減員工，結果還是搶救無效。加上國內經濟低迷，汽車銷量持續下降，日產本財政年度的估計虧損會繼續保持一百億日元規模，累計有息債務仍將超過兩萬億日元。

二〇〇〇雷諾汽車打算併購日產。在日產明顯處於劣勢的情況下，雷諾管理層並沒有用一邊倒的方式去打壓。他們將談判重點放在了併購後可能會出現的問題上，以及如何處理、如何更好地融合上。這種考慮是出於防範併購後的衝突和矛盾，這種事先談判，具有很長久的良性功效，也為雷諾日產聯盟後來的融合奠定了基礎。

在談判之前，雷諾發現有收購日產的時機時，公司高層已經著手進行準備了，他們不僅學著去理解日產本身的歷史、發展和現況，同樣也去試著瞭解日本的文化和經濟。所以，他們在併購之前就設想了日產管理者的壓力，同時也考慮到日本員工的民族情感。所以，有了這種顧慮感情因素的思考之後，雷諾從更人性化的角度著手談判。他們沒有因為日產處於明顯的經濟劣勢，就表現居高臨下的優越感，而是營造更加尊重和平等氛圍。以幫助和合作為重點，還為預防員工產生抵觸情緒做好了方案準備。

雷諾稱此次的目標為「策略聯盟」。在併購之後，雷諾新上任的ＣＥＯ更是展現了關懷為主的方針策略，他並沒有著手開始革新，而是透過傾聽來瞭解日產的員工情緒、相關問題。雷諾更是將企業管理透明化，以削弱日本員工的抵觸情緒。

這一系列的準備及細緻的感情攻略，表現出了雷諾公司的職業素質。所以，這次的攻略對談判的展開、深入和成功，有十分巨大的幫助。

這個案例讓我們瞭解到，無論是有怎樣利益糾紛的談判，人性化的情感因素是不得不關注的。建立談判的信任關係，不僅對本次談判本身有益處，更能夠幫助到之後的長遠利益和下一次談判的成功。同時，哈佛經濟學教授詹納斯・科爾耐也提出過雙刃劍另一面的觀點「我把在控制情感上的軟弱無力稱為奴役。因為一個人為情感所支配，行為便沒有自主之權，而受命運的宰割。」所以，在整個情感溝通的過程中，我們要一直保持客觀理智而有感染力。

那麼，情感溝通要怎樣進行呢？它的每個階段要達到什麼效果才可以呢？如果按照程度深淺來做區分的話，我們可以將之分為三個階段：

營造和諧的氛圍；（關鍵字：氛圍）

建立信任關係；（關鍵字：信任）

達成共識和默契。（關鍵字：默契）

營造和諧的氛圍：對對方的情緒、情感、心理需求有回應，而不是從開始接觸對方就進入到「你贏我輸」或「你輸我贏」的對立關係中。讓對方感受到自己良好的用心，再輔以相關的溝通技巧，雙方將會感覺更好。

←建立信任關係：建立信任關係可以大大降低社會、企業、人與人之間交往的成本。比如，我們可以參考如下方法：

不要過多隱瞞，欲蓋彌彰，適當透明化；

你可以不同意，但是必須表現出尊重對方的觀點和利益；

展示自己安全、健康的一面，並且有品牌的競爭力；

從各種角度思考，儘量展現出公平；

尊重事實和客觀條件；

不斷發生的資訊科技變化要求新的忠誠；

有大局觀，關心社會、關係整個環境等；

嘗試去理解對方的文化價值，你可能會有驚喜；

……←

達成共識和默契：協同具有默契的形體，但就其實質而言是不同的，協同是被動、不具有創造性，而默契具有相當的創新能力和一拍即合的感應力。默契以相互的信任、瞭解為基石，以朝著同一目標共同努力的行為為磚瓦，將感性溝通引向超越行為、語言層面的最高層溝通：心與心的溝通。

情感是種溝通，也就意味著它是雙向的，這就註定了情感本身的模仿力和感染力。簡單地說，就是當你向對方展示友好的態度時，對方的敵意或者抵觸會不知不覺地有所降低。這時，你向對方傳染著你的良性情緒，那麼對方也就回饋地模仿著你向他展示的情感態度。

那麼，感情的模仿和傳染，在談判上到底是好還是壞呢？你感染著對方，也意味著你有可能被對方感染。這種雙向影響看起來似乎是不明智的，但在談判中，我們總是維持著情感態度，那無論是對自己還是對談判氛圍本身來說都是不利的。有時候，我們可能想要別人調整自己的情緒。例如，如果我們正感到沮喪和生氣，接受使我們放鬆的對方的情感，就可以提高我們的興趣。

不過，在生活中，有些人總是強調「將模仿和感染進行到底」，其實這也是容易出現危機的。比如，下屬有可能模仿上級的習慣、手勢、說話方式、穿衣風格甚至對汽車和酒的選擇。

危險就是我們並不知道什麼時候這種行為變得明顯或者觸怒了別人。就好像一個年輕的助手為了使老闆高興，穿了一件方格呢西裝，因為老闆總是穿著方格呢。結果憤怒的老闆命令這個助手立刻回家換掉他的衣服，因為他感覺到自己的身分被別人偷走了。

♞就算是奇怪的感情，有時候可能對你有利，有時候可能對你無益，結果如何就要看你到底是如何利用它了！

不要忽略建立關係的機會

不把對方當人，忽視他們的反應，往往會給談判帶來災難性後果。在談判中，不論什麼時候，從著手準備到後續工作你都應該問一下自己：「我對人際關係問題是否足夠重視？」

受聘於哈佛商學院與法學院的Guhan Subramanian教授指出：「我的印象是，信任、共識與關係，在中國式談判中最為關鍵。展開任何談判前，必須謹慎地花時間建立關係及信任。但在美國，很快就可以進入狀態。」所以，根據情況的不同，希望擁有長期的關係或者期望與對方將來也有一些交流的談判者，更有可能經歷並且表達情感，因為他們在交往中參與得更多、投入得更大。

處於長期關係中的人擁有一個開發得很好的，和對方的反應同步的移情系統。擁有親密和長期關係的人更容易和對方協調，因此，比那些人經歷感情傳染的可能性更大，簡言之就是交換關係。

有一種說法是，先做朋友再做生意。就是說，雙方在進行某種利益、需求交流之前，要先建立關係。談判，免不了定價格，談費用，要支持等，因為立場不同，觀念不同，要求不同，談判就免不了發生衝突。不過我們要明白，衝突的焦點在於自身或者所代表公司的利益衝突，並不是雙方個人關係的衝突。如果能夠在談判桌上談得一清二楚，能夠拍板的地方確定下來，不能確定的地方再等老闆拍板。而不至於談判過後，因為談判中害怕衝突，而謙讓很多，導致公司利益受損，反而會在心中結下一個疙瘩。

比如，當我們與代理商進行銷售任務與費用支援談判的時候，我們可以在談判桌上講得一清二楚，而不至於糊里糊塗，影響公司的正常發展與雙方的私人關係，雙方合作起來也會很順利。

我們已經說過，談判者應該站在利益上，而不是立場上。這種利益和立場的微妙關係，就表現出每個談判者的兩種利益：

一、實質利益

讓每個談判者都想達成滿足自己實質利益的協議，這正是人們談判的原因。這是談判的本質和需要根本解決的利益。

二、關係利益

保持與對方的關係，可以創造和諧的談話氛圍、社會聯繫，這種利益更為長遠。

我們可以看看下面這一段對話：

玩具店老闆：「嗨，先生，歡迎光臨本店，請問有什麼需要我說明的嗎？」

買家：「呃……我女兒生日快到了，我想給她買一些小女孩喜歡的玩具。」

玩具店老闆：「（指向一個古董毛絨兔）先生你看這個怎麼樣？它的品牌和質感是本店性價比比較高的，而且，這是一隻古董兔，很有歷史的，這款已經絕版了，審美和收藏是很有價值的。而且，小女孩對小兔子這類可愛的小動物也是沒有抵抗力的。」

買家：「嗯，這個很不錯，我想我的小柯麗爾應該會喜歡的！這個怎麼賣呢？」

玩具店老闆：「哦！先生，您太幸運了，今天是我們開店兩周年，這個毛絨兔原價一百五十美元，現在打八折，一百二十美元。」

買家：「呃……可是我覺得還是有些貴！你知道，一個玩具，我實在沒必要花這麼多的！」

玩具店老闆：「可是，先生，我看得出來您很愛您的女兒，而且，女孩子生日時總是想收到一些與眾不同的禮物，你知道，孩子的心有時候是很敏感的。如果只是普通的玩具，她們會覺得，爸爸似乎沒有那麼愛我了，他只是在敷衍我！因為我自己也有孩子，這些小傢伙有時候是很難伺候的！呵呵。」

買家：「呵呵，是啊！這些天使有時候也是小魔鬼，鬧得不可開交呢。」

玩具店老闆：「先生，要不然這樣吧，為了慶祝您女兒的生日，我再給您打個折，一百美元，如果您真的喜歡的話，這個價錢已經很合適了！這也是我能夠做的最大的讓步嘍。」

買家：「呃……好吧。那幫我包起來吧！呵呵，為了可愛的小天使！」

玩具店老闆：「為了可愛的小天使！幫我向您的女兒轉告，我祝她生日快樂！」

買家：「呵呵，謝謝。您真是一位很不錯的店家，以後我會常來的！」

玩具店老闆：「先生，這是我的名片，有事可以聯繫。像玩偶的清潔和修理工作，你都可以直接打電話給我的，我們提供上門服務！」

買家：「哦！這真是太好了！謝謝！」

從這段對話裡面，我們可以看出，玩具店老闆既想要賣出玩具毛絨兔，又想要讓買家成為老顧客。賣方的兩種利益就表現得比較明顯。如果出於店鋪的長遠發展考慮，店家與買家保持良好關係更重要。

如果店家更看中是否將玩具賣出去這個事實本身，而不在乎是否受到對方的尊敬或喜愛，而以犧牲人際關係為代價換取實質利益。那就會讓買家覺得「既然你無法和我保持一致的想法和觀念，那就算了」。不過，有時在實質問題上妥協也不能換來良好的關係，只會讓對方覺得你好欺負。這個度是需要我們來掌控的。

雙方的合作關係至少應有助於達成一個兼顧雙方利益的協議。當然還有更重要的目的。多數談判是在人際關係不斷發展的情況下進行的，因此談判是圍繞著促進而不是有損人際關係以及為以後的談判鋪路的目的而展開的。事實上，在和許多長期客戶、商業夥伴、家庭成員、同行、政府官員以及不同的國家進行談判時，維持關係的意義遠遠高於某個談判的結果。

其實，解決實質問題和保持良好的合作關係並非矛盾，只要談判各方能夠在心理上做好準備，依據其合理性分開處理這些問題，並願意為之而付出努力。這樣，就要求我們能夠有更為準確的解決問題的方向：

一、認知要正確：

能夠堅持自己的觀念，理解對方的觀點，對整個談判的本質問題有正確的瞭解，不要輕易帶入個人情緒。

二、交流要精準：

不要用帶有歧義的語言去闡述或者回答問題，說話要有邏輯性，同時，要明白人情交流的內涵。

三、眼光要長遠：

以能夠建立關係，順利完成下一次愉快談判為基礎來進行這次談判，但不要指望透過一味地犧牲來換取自己的利益。

最重要的是要對談判環境進行考慮。考慮你和對方之間是何種關係？考慮強硬地討價還價是否會被人含恨接受？你的聲譽會因此受到影響嗎？你與對方在何種框架下進行互動？比如你可能已經很好地估算了議價區域並出色地向對方解釋了你的報價，但是如果你忽視了你的戰術對你與談判對方關係的影響，那麼最終的協定還是無法達成。或者不僅無法達成協議，還會破壞你和對方之間的關係，同時還會讓你的聲譽在談判桌上毀於一旦。所以，你的辯解應該建立在你對談判對手需求的理解，與對你們之間關係敏感性的理解之上。

你的目標不應該只是在實現利益最大化的同時維持談判雙方之間的關係，而是既要做一筆大生意，又要增進你和對方的關係，並提高你的聲譽。你可能由此需要放棄一些短期收益以實現你的目標，這種付出往往是值得的。

人們在談判中容易忽略的是，不僅要面臨對方的人際問題，還要處理好你自己的人際問題。你的憤怒和沮喪可能會妨礙你和對方達成一項有利於自己的共識。你的認識可能是片面的，你可能沒有充分傾聽對方，沒有進行充分的交流。下面介紹的一些方法對談判雙方解決人際問題都適用。

別讓文化差異成為談判障礙

文化是非常廣泛的概念，籠統地說，文化是一種社會現象，是人們長期創造形成的產物。同時它又是一種歷史現象，是社會歷史的積澱物。確切地說，文化是指一個國家或民族的歷史、地理、風土人情、傳統習俗、生活方式、文學藝術、行為規範、思維方式、價值觀念等。

商務談判作為人際交往中的特殊形式，必然會涉及不同地域、民族、社會文化的談判主體的交往與接觸，進而導致跨文化談判問題。

文化差異對跨國談判而言，是極其重要而又繁瑣的變數。與同種文化中達成協議相比，跨文化協議花費的時間通常要多得多。比如，莫斯科第一家麥當勞的建立，花了將近十年時間；在西班牙，你可以在晚餐時間（晚上九點或十點）談生意；在拉丁美洲，延遲半小時或者更久開始談判，都是十分平常的事情；而在日本，可能會不停地重複自己的談判主題……

所以，正如一九八八年第四期《哈佛商評》中原中美合資天津奧的斯電梯公司的一位美方代表所言，「中國夥伴在談判桌上表現出與我們不同的文化價值觀念，中國人對合約或協議的看法，對合作夥伴選擇的標準，對知識和軟體的看法，等等，都與我們不同，談判有時會因此陷入困境……」對此，美國一位資深企業家甚至斷言：「如果能有效地克服文化障礙，美國對華投資、貿易量可以比現在增加兩倍。」

可想而知，在談判雙方的文化差異、內涵上下功夫，選擇正確的策略，將對談判有所助益。

跨文化談判有三種類型：

交易談判，即買和賣的談判；

決策談判，即當存在多種可能和衝突性選擇時達成協議的過程；

爭端解決談判，解決由於提出的求償遭拒絕所產生衝突的談判。

這三類談判中，無論哪種，其實都涉及以下三種文化價值觀：

平等主義和等級主義；

個人主義和集體主義；

溝通的低背景規範與高背景規範。

這三點是談判出現文化差異和糾紛的源頭所在。

明白了這些，在談判策略中處理跨文化問題的時候，就需要你根據所調查和瞭解到的文化內涵進行可調控的策略轉變。以下四種方式是我們處理跨文化談判問題的基本策略。

一、信息

當談判一方對另一方的文化不甚瞭解的時候，因為文化誤解可能造成談判無法順利進行。如果你是傾向進行適當資訊共用的人，那麼，你可以冒著被利用的風險，做到部分資訊透明化。這個策略可以快速地使對方對你的產生部分信任，建立起較為和諧的氛圍。這樣，當談判雙方都表明自己的所需和利益的時候，而彼此的利益又都在可接受範圍內，那麼，也就能很快地建立起互惠的關係。當然，資訊共用是有風險的，同時，也並不一定就會獲得對方的信任。

二、對抗

對抗分兩種，直接的和間接的，直接的包括雙方面對面，或者是透過媒介直接傳達彼此觀點和進行溝通；間接的是透過協力廠商或者非語言行為。其實，在談判遇到阻滯的時候，我們可以考慮一下，什麼樣的協力廠商能夠對你們的溝通起到助益。尤其是在處理常式性衝突和人際衝突方面，間接對抗也許比直接對抗更有效。而在需要團隊所有成員的知識、技能和承諾時，那麼出現的衝突就需要直接面對了。

三、影響

在社會交往中有很多不同的影響力基礎，但有兩個基礎對談判似乎特別重要：最佳替代方案（常用在採購談判中，採購方為了供需雙方的平衡而選擇的最佳代替方案。此方案並非採購方最想獲得的價格、服務、運輸、付款期等條件的最佳方案，而是退而求其次的選擇，被設定為談判的最佳底線）和公平標準（可以是合約或法律，也可以是社會地位，如年齡或經驗，或社會意識形態，如公平、平等或需要）。比如，談判雙方一方來自等級文化的國家，另一方來自平等文化國家，雙方如果在談判中只是糾結於是非對錯或者權力大小的問題，那麼就很可能產生阻滯和僵局。

四、動機

動機和談判者本身的利益有關——自身的、對方的、局外集體的……所以，這個時候，需要談判者學著調節個人主義和集體主義文化的差別。更多的是需要考慮到多方的利益，多角度尋找可以變通解決問題的方案，而不是僅僅糾結於自己是否能夠獲取完全的利益，或者我的讓步是否是冒著極大的危險，等等。遇到這樣的問題，需要的是更多的能夠解決實際問題的方法。

我們可以來看一些在談判中的不同國家的不同文化，希望能夠幫助到我們在現實生活中的運用。

1、德國人和美國人注重未來，重視結構，且一次只關注一個主題。他們偏愛線性邏輯和事件的先後順序，以及在指定時間內談判論點的邏輯順序。

2、拉丁美洲人總希望能在同一時間討論多個話題。

3、印度的談判者認為，建立關係非常重要。

4、與德國人、美國人及英國人相較，巴西人、泰國人、墨西哥人和西班牙人更注重關係的建立。

5、日本人則不樂意與傲慢、無禮、推卸責任或在他們看來會公開侮辱人的對手談生意。

6、對於馬來西亞人而言，信任意味著忠誠、投入和友誼。

7、韓國人致力於發展友善的關係。

8、印尼人經常使用延遲來避免承認失敗，或是避免承認無法滿足對方的期望。

9、除了亞洲人，愛爾蘭人也會運用拖延戰術，在顧全面子的情況下中止交易。

♞跨文化談判是屬於不同思維形式、感情方式及行為方式的談判方的談判。談判過程通常是複雜的，因為談判過程涉及不同文化規範的力量，而這意識不到的不同文化規範的力量可能使有效的交流功虧一簣。

有時，面對面並非最好的談判方式

面對面談判，顧名思義就是談判方直接地、面對面地就談判內容進行溝通、磋商和洽談。這種談判方式屬於傳統的方法，甚至在日常生活中也很常見。人們通常認為面對面的交流是最好的溝通方式。

然而，歐洲工商管理學院組織行為學助理教授羅德里克．斯瓦伯告訴我們，與他人面對面溝通並進行目光接觸並非總是最佳的方法，包括在重要的商業談判中。

研究的結果沒有確定的答案，有一些案例肯定了面對面交流的好處，而另一些研究結果卻剛好相反，認為目光接觸可能會對談判不利。因此，只能說，面對面的談判恐怕並不會一直有用。

面對面的談判方式是最古老、使用最廣泛的談判方式，其優缺點並存，因此商務談判方式的選擇應以充分發揮面對面談判方式的優勢為原則。在比較正規、大型的談判以及談判各方相距較近的情況下，面對面談判比較適宜。

如果談判各方認為面對面談判效果較好，是可以選擇面對面談判的，但往往不能立即判斷出是否可以採用。

經研究，目光接觸和眼神傳遞往往也存在缺陷。首先，面對面談判易使談判對手瞭解己方的談判意圖。談判人員的舉手投足、語言態度，甚至面部表情都可以被用來推測談判意圖以及最終目標。

面對面的談判方式，往往要在談判期限內做出決定，也難以充分利用談判後臺人員的智慧，因而要求談判人員有較高的決策水準，較短的決策時間也增加了失誤的可能性。

泰戈爾說過，任何人一旦學會了眼睛的語言，表情的變化將是無窮無盡的。一個人的內心活動，經常會反映到他的眼睛裡，而談判對方透過眼睛就能看出其中的大概，這是每個人都很難隱瞞的事實。因此目光接觸和眼神傳遞在人們不瞭解對方的情況下大有助益。當雙方沒有強烈的合作或競爭意向時，目光接觸是可行的。但是談判者要記住，解讀眼神時不宜過於自信。

但在很多情況下，還是應該避免面對面的談判，另闢蹊徑。倘若協商的雙方已經有所衝突，正面的目光接觸則不可取。雙方存在分歧矛盾，甚至是已發生嚴重衝突時，將雙方分隔開反而更有利。

在現代商務活動中，電子通訊方式的大量應用也為解決這個問題提供了方法。當分歧或談判衝突面不大時，電子郵件和即時通訊是改善交流的好方法。耶魯的研究者認為他們已經掌握了眼神接觸的真理。他們認為眼神接觸越多的人，精神越奮發進取。但在進一步的研究中，研究者發現眼神接觸對於男人和女人的影響是不同的，也就是說，男性和女性的交流方式有顯著差異，這其實從另一個角度證明了面對面談判並不適用於所有場合。

女性受到更多目光關注的時候，容易對看自己的人產生親密的感情，就像兩個女孩在一起玩，更喜歡面對面坐。而對於男性來說，不一定是這樣，當他們被其他男性看太久的時候，較容易產生敵意，甚至會產生被威脅的感覺。「至少在西方文化下，男性會儘量避免直視對方，他們認為那樣做是一種支配性姿態。」斯瓦伯說。這表現在商業談判中是直接影響談判效果。

目光接觸往往為互不相識的兩名女性帶來助益，而對兩名互不相識的男性來說效果恰恰相反。也許對於男性來說，電話和電子郵件的交流反而是消除他們之間屏障的一種好方法。總而言之，對交流方式影響的大小很大程度上將取決於協商雙方的關係，取決於雙方是否有強烈的競爭和合作意識。

在談判過程中，還可以透過選擇對方不太擅長的交流方式，這樣做可以有力地壓倒對方，為己方贏利。無論是面對面交流還是透過即時通訊交流，都需要根據對手以及談判的目的來選擇談判方式。採用自己擅長的談判方式，將為自己贏得更多的時間和機會，在談判中盡佔優勢。

♞談判之前，確定相應的談判方式，是很重要的。卡內基先生在這方面有著很成功也很豐富的經驗，他的成功也正是建立在這些經驗之上，瞭解對手是談判獲得成功必需要做的準備，只有在這種準備的基礎上，才能選擇具體而有效的談判方式，面對面，或者不見面，都能使自己立於不敗之地。

在衝突中轉變觀念

在日常生活中，衝突是一種不可避免的並且正常的現象，談判中就更是如此，談判雙方在利益上不可能不存在衝突。通常的情況是，當其中的一方感覺自己的利益受到另一方的威脅或者相應的個體之間的利益不一致時，衝突就會發生。

事實上，衝突往往具有兩面性，它在降低組織效率的同時，也可能激發雙方的創造性。因此掌握衝突正確的處理方式是非常重要的。而談判本身作為一種協商和討論的過程，就是重要的而且有效的衝突處理方式，如何在談判中抑制衝突的破壞性而利用其建設性，成為目前談判學家研究的重點。

管理學家芭芭拉在衝突解決和談判方面累積了豐富的經驗，她在著作《談判與衝突管理》中獨樹一幟，強調了在談判過程中隱含的心理學因素和社會學因素以及談判者個人方面的因素。而更重要的是，這本書還對人們頭腦中的一些先入為主的觀念提出質疑和挑戰，進而達到轉變讀者對談判的傳統想法，而最終的目的是改變他們的談判方法。

一個成功的管理者應該明白，如果一個人總是採用與他自己的人格和性格不一致的做事方式，往往很難有效。

專家的建議是談判者可以從本人累積的經驗以及談判領域中其他專家的經驗中提煉出最好的方案，並把這些建議與心理學和社會學的基礎知識完美地融合在一起。

如何正確地解決衝突？應該有兩個重要的因素：

第一是正確認識衝突。

第二是轉換觀念與思路。

值得慶幸的一點是，人們對衝突的認識是在不斷變化的，從片面否定衝突到衝突的二重性，而發生衝突的原因又是多樣化的，包括目標、資源、任務、報酬分配、文化差異等。很顯然，在這種情況下，談判是有效解決矛盾和分歧的一種溝通方式。

在此基礎上，專家建議我們可以換一個角度去看問題，許多人發現在談判中，雙贏局面其實很難實現，往往在戰鬥激烈時，人們很難思考該如何達成雙贏的結果。因此，轉換觀念不失為一個好方法。關於這一話題的研究都發現，嘗試將解決衝突當成一次旅行的方式都是有效的。因為以這種方式看待衝突及解決衝突，就會發現其實它們是談判的本質，是談判不可或缺的一部分。而談判專家彼得．凱利特和戴安娜．多爾頓更是指出：「衝突是談判中固有的存在物。」

大多數人都不喜歡衝突，因此我們總傾向於安撫敵手——那些吱吱呀呀作響的聲音。我們想要的只是維持平和的局面，因此經常出現一方大發雷霆而另一方選擇息事寧人。而更壞的結果是這種為和平付出的代價將成為對手為自己謀得利益而使用的伎倆。因此一味的維持和平，更準確地說是壓制衝突，似乎對現狀起不了太大的作用。因為衝突是一個無法改變的已存事實，因此，我們要做的不是壓下不管，相反的，而是應該直接拿到桌面上來處理。肯尼士．克洛克說：「壓制衝突是對邪惡的容忍，對不公的贊同，這種做法本身就是該被壓制的。」

有的專家會建議在差異存在的時候，主動使其變成衝突，這樣一來就會逼著大家去正視這個問題。衝突讓大家停下腳步，並且誠實面對眼前嚴重的問題，但是考慮到雙方關係的基礎，時機是所有解決衝突的關鍵。不過最好的辦法還是雙方共同解決問題，這是在衝突存在的情況下，最好的預想了，儘管實現起來有一定的難度。無論是個人還是一次談判，都需要追求一種平衡，進而來解決衝突，不管是內部的還是外部的，都需要調整與適應。而針對外部的談判，比較困難的是與惹不起的客戶談判，當與這種對手產生衝突的時候，以弱對強變成了每個人都感興趣的題目。這個最重要的是心理上的不恐懼，所以有專家提到不要對談判對象投入太多的感情，那樣只會一味讓步妥協，卻無法凸顯解決問題的重要性，同時還要提防客戶情緒化的勒索。態度溫和，立場堅定，成為談判專家最為推崇的方式。

♞ 從重新認識衝突及其解決之道開始，在談判中，對於那些吱吱呀呀的聲音，是一味的讓路還是阻止它前行，採用什麼樣的新觀念和方案來處理衝突，是一個值得思考和討論的問題。

別忘了自己的初衷

在某些情況下，我們會變得斤斤計較，十分在意對方是否與自己意見一致。這時，意見不合似乎就成了引發談話衝突的最主要原因。我們同意的，他們不同意；我們需要他們做的，他們不想做。無論我們最後是否堅持己見，意見不合都會讓我們產生受傷和失落的感覺，或是讓我們覺得自己被誤解了。而且，由意見不合所造成的影響還會一直延續到將來，無論何時，我們只要一想到它，當初所受的傷害和失落感就會不由自主地湧上心頭。

隨著談判的進展，不知不覺之中，你可能會把擊敗對方、駁倒對手作為自己談判的目的，或者其他的各種因素，如上文提到的，情緒化的產生就不是不可能的事了。但很多時候，我們需要明白一點，談判是為了實現彼此利益而探討達成共同觀念的共識，所以，這個時候，千萬不能因為情緒的侵襲，就忘了自己的初衷——

你在這裡，和另一個或者另一群人進行談話，是為了什麼？

你想要從對方的身上獲取什麼？

你的目的是否已經達到了？如果還沒有，那麼，現在你到底在做什麼？

談判並不是要證明你比對手更高明些，而是為了取得更多的利益。如果你覺得魯莽地接受對手的要求會後悔不已的話，就請暫時回到談判的起點去。比如說，你在進入會議室之前，想過要達成什麼樣的目標，或者前天雙方進行協商時，你說過要實現什麼樣的目的。深呼吸，平心靜氣地反思一下。在律師之中，有些人會這樣：他們把令對手屈服作為談判的目的，把委託人對自己的委託忘得一乾二淨。這一點，就是我們要勸誡自己的地方。

所以，如果在談判的時候，我們因為情緒原因有所阻滯，就要問自己以下幾個問題——我們為什麼而爭論？爭論對這件事有什麼益處？為什麼從一開始的和諧共處演變到現在的硝煙彌漫了呢？到底是哪個環節出了問題？我們要怎樣才能把問題的實質和關鍵引回到起點呢？

寬容一點，告訴自己，「每個人都有自己看待事物的觀點」，每個人都有自己的想法，不要總覺得正確的只有自己，每個人所處的立場和角度不同，追求的利益和需求就不一樣。如果每個人的想法在一開始便是千篇一律的，那麼，就根本沒有談判的必要——也根本就不會有談判了。

「我們堅持的是否是正確的」——除此之外，我們還應該讓腦海裡迴蕩這樣的聲音。如果你所堅持的，換來的只是一場無謂的爭辯，永恆的循環，那麼，你就應該考慮自己是否應該繼續下去。無謂地爭辯，這種行為本身是解決不了問題的。我們都覺得對方可能無視我們的想法，忽視我們本身的情緒，我們覺得對方是不可理喻的，並認為自己受到了不公平的對待。

其實，我們本身並不是糾結在是否受到尊重和重視這一點上，而是被結果的挫敗感所打擊。所以，當我們為這種可能到來不利於自己的結果煩惱的時候，我們已經開始忽略自己的初衷了——忘了自己到底是來幹什麼的，忽略了問題最關鍵的本質，只是在為一個可能傷害到自己的未來而憂慮和煩惱。

你抓錯了重點！

不過雖然是這樣，擺在我們面前的選擇似乎也只是繼續爭辯下去，因為我們可能根本就不知道下一步應該怎麼辦。我們沒辦法假裝情緒已經不存在，假裝剛才的爭論甚至爭吵都能像霧一樣散開，我們根本就沒辦法當作什麼都沒有發生過，而若無其事地回到起點。不過，如果爭辯於事無補，那我們又能做點什麼呢？

那就是**守住底線，絕不動搖事先決定好的「最低目標」**。

也就是說，在談判前，我們一定要確定好自己的底線，亦即「最低目標」。尤其是要定好自己所能夠接受的最低限度的條件或最低價錢。否則，如果我們只是一味降低目標向對方妥協，那麼，等談判結束以後，我們很可能會十分後悔——「為什麼我當初就不能再堅持一下呢？」「為什麼我會一再地退讓呢？」「哦！天哪！我竟然已經損失了那麼多東西！」因為有一些談判，尤其是在進行國際貿易洽談的時候，很多人因為長期戰而疲勞，會逐漸有所鬆懈，乃至於最後產生倦怠的情緒。他們會對自己說——「噢！我真是太累了，我真想回去好好地睡上一覺，吃一份完美的早餐！那麼，我現在稍微讓步吃些虧，也是可以原諒的。」「真希望這樣的談判早點結束，真是讓人心情不快！」

當談判中遇到了各種問題——情緒性、生理性問題——比如，你生氣了，你疲勞了，你甚至有點想放棄了，這時候，你需要思考放棄後的結果：這種結果你滿意嗎？這種結果你真的可以接受嗎？現在手上的權力你確定要放棄了嗎？即使明知道自己吃虧了，你也不會事後後悔嗎？

我們可以來看一個例子：

這是一次關於進出口許可證的談判。卡爾是一位服裝設計店的老闆，他已經買下了其在美國的服裝品牌許可，打算推廣自己的品牌到日韓國家。雖然卡爾是一個性格溫和的大好人，風趣幽默、性格和藹，他能夠和他的多數客戶建立起長久的關係，但是，這種性格在關於許可證費率的爭取上卻是不佔優勢的。因為，那種針鋒相對、討價還價的緊張氛圍會讓他不知所措，充滿痛苦。所以，他找到了談判專家湯瑪斯。

「湯瑪斯，你知道，許可證費率如果超過了三%，就不是很划算了。所以，我們這一次的目標是一定要守住這個三%。」

卡爾和湯瑪斯在談判前就商定好了這一底線，但對方一直堅持五%的費率不動搖，在談判進行到下午的時候，卡爾已經顯出疲勞的跡象，他摸摸額頭，歎出一口氣來。湯瑪斯看出卡爾已經有些倦怠，甚至是不耐煩。

他提出了休息一會兒，並對卡爾說：「你怎麼了？」

「湯瑪斯，我現在又餓又累，而且，這個談判可能還會繼續持續下去，我有些堅持不住了。」

「可是你之前還說如果超過三％，你就不划算了。」

「可是，我已經對這個很厭煩了，我覺得對方的條件也不是那麼不可接受。」

「你確定你要那麼做嗎？你確定？如果你可以和我一起守住這個底線的話，我們或許會有進展。」

「呃……那我們再試試吧！」

談判進行到了傍晚，卡爾已經表現出明顯的疲憊和厭煩，對方律師也厭煩了和湯瑪斯談判而轉向和卡爾談。最後，卡爾接受了四％的費率，而作為他談判助手的湯瑪斯也不便再堅持什麼。

其實，如果卡爾和湯瑪斯能夠把疲勞戰術堅持下來，那麼起初的目標就有可能實現。但在壓力面前卡爾的情緒有所變化，他感到疲倦、煩躁、難受，以至接受了超過上限的費率。或許他事後會後悔，但是那已經不是談判的事了。

♞ 談判的目的，普遍是為了長久的利益，可能一時會有些情緒上的不良反應，但為了之後一年、兩年、三年甚至更久的時間，一時的煩悶是可以忽視的。記住自己的初衷，記住自己的底線，這也是不讓自己後悔的一條路。

分歧不在事實本身，而在思考方式不同

很多時候，談判之所以無法正常進行，不是因為雙方的利益有衝突，而是因為彼此看待事物的看法不同，觀點不同以至立場、分析方式、情感表達都不一樣，也就是說分歧不在事實本身，而在思考方式不同。

哈佛談判小組認為，當我們從爭辯開始轉向瞭解和理解對方的時候，我們要清楚地瞭解到——為什麼我們的思考方式會不同。從這個過程來說，我們可以歸納為以下三點：

吸納信息：透過各種情景、聲音、感受來體驗世界。

消化信息：按照我們自身的方式來理解和闡釋資訊，對我們所視、所聞、所感都給予不同的內涵和意義。

得出結論：到底發生了什麼。

在這三個步驟當中，無論哪一步，都有可能發生衝突和矛盾。也就是說，我們的思考方式之所以不同，我們的觀點之所以不同，是因為我們吸納和闡釋資訊的方式不同。這也就是為什麼，在很多談判中，我們往往只強調自己的觀念，而容易忽略談判實質的內容。

其實，能夠解析對方的觀點，也可以幫助我們自己解決談判中的問題和矛盾。因為，發現分歧的存在和原因，可以讓我們正視問題本身。無論是國家政治問題、國際商務洽談，還是生活中的瑣碎糾紛。只要我們意識到並去探索為什麼兩人的觀點會不同，為什麼雙方會有這樣的意見分歧？

多數人的爭吵都是為了某個東西——「嘿！這輛自行車是我的！」「兄弟，誰說的，這是我的！」或者是為了某事——「啊！你踩到我的腳了！」「什麼呀！分明是你自己撞過來的！」在這種情況下，人們總以為他們需要更多地瞭解事物或事件本身。於是他們研究，再研究。

但就結果而言，分歧並不一定決定著無功而返。恰巧，協定的達成總是建立在分歧的基礎之上。當然，誰都不可能一開始就因為分歧而產生共識和協議，這是不科學的！而且，如果是這樣的話，就沒有談判的必要了！

我們要看到分歧的這一點，正是因為有了它，才在某種程度上促成了協定的達成。就像股票，買方說；「股價一定會漲的，我再多買一些！」賣方卻覺得，「天呀！我現在快虧死了！我必須要賣出去！」於是，交易就產生並成立了。正是因為雙方認識上的不同，才有了這樣的交易行為。

那麼，有哪些分歧差異更讓容易讓雙方達成協議呢？

一、預期不同

你認為一件事你能夠做到一百分，但是有人覺得你只能做到八十分甚至更低；你覺得你開創的公司能夠有一個非常好的前景，但很多業內人士覺得你有可能只是曇花一現；你覺得你開發的產品能夠開創一個前所未有的市場，但是你身邊親近的人並不認為你可能會成功……這些分歧就是因為彼此的預期不同，所產生的觀點和想法也不一樣。

比如，你在公司已經待了五年，你覺得自己應該獲得加薪，便去找老闆談話，你覺得自己應該還可以在這一行業繼續奮鬥並且前景良好，不過你的老闆覺得你雖然有能力和經驗，但似乎還沒有值你自己說的那個價錢。這個時候，利用這種不同預期，雙方可以達成協議——底薪＋年終獎金，工作完成出色，正如你自己的預期那樣，年終獎金全部予以兌現。

二、時間觀不同

你可能覺得即刻到手的利益比較現實，對方卻覺得長遠利益比較可靠，當這種分歧出現的時候，雙方可以有這樣的解決技巧——對方可以按照年或者是月的時間週期，給你即刻的利益，但只能是部分的。這種方式讓雙方都各退一步，對你們未來的價值打不同的折扣。

比如，你去車行買車，當你看中了一輛車，有心買下來的時候，你看中的是車的性能並能夠即刻使用的價值，但這個價值無法在短期內檢驗出來，那麼，就需要你用一個較長的時間來進行「試驗」和「考察」——你看中的是長遠的利益。而對賣方來說，他們更看重這輛車能賣多少錢，並且能夠即刻出手。

所以，買賣雙方現在的分歧在於，買方想長時間地使用和檢驗車的價值，而賣方想即刻得到售出車的貨幣。這個時候，分期付款就是很合理的解決方案了。如果可以延期付款，買方就願意花更多的錢買，如果賣方能賣到一個高價錢，他就願意接受延期付款。

三、對風險的看法不同

談判雙方都有可能承擔著一定的風險，而彼此對這個風險的感知程度或許不同，同時，我們還可以分析風險的交換機會是多少。簡單地說，就是你和對方分別認為風險有多大？你覺得對方的風險危機能夠用什麼去替換，也就是說，對方擔心有風險，但是可以用某些利益去彌補風險給他們帶來的損失。

比如，深海採礦，勘探方自然是想獲得經濟利益，但是他們更關注自己可能會受到什麼損失（公眾對這件事的關注是否會有負面消息等），這項勘探投資是否會給他們帶來實際的良好利益，這是他們要考慮的風險；而國際社會則認為，如果有一家公司認為它可以從「人類共有的遺產」裡獲益的話，那麼其他國家或者地區為什麼不可以呢？這一方關注更多的是財政收入。

這種分歧其實是有利於談判的，雙方雖然都害怕風險的出現，但同時他們的利益點也非常明確，並且並不衝突。所以，最後只要協商，到公司收回投資以前，只徵收較低的稅率。換句話說，公司風險小時，稅率才會提高。

當雙方有意見分歧的時候，讓利益互相融合的一種方法是，提出幾個對你來說都能接受的選擇方案，問對方傾向於哪一個。你只需知道對方傾向什麼，而不是接受什麼。然後，你根據他們所傾向的方案再作進一步調整，再提出兩種或更多修改方案，詢問對方傾向於哪種選擇。這樣，無須任何人做出任何決定，你就可以完善一個方案，直到再也找不出任何共同利益為止。

「贏——贏」模式

「世界上沒有永恆的敵人，也沒有永恆的朋友，只有永恆的利益。」這句話恰好是談判的宗旨。談判不是一成不變的，它可以調整策略、要求、條件，等等。因為最終的目的都是為了各取所需，努力尋求各得其所的解決之道。找到共同利益，尋求共同合作。這是哈佛商學院談判內容一直追尋的目標和利益所在。

當談判雙方所追求的目標一致時，其進展一般都很順利，容易取得雙方都滿意的結果。比如，在推銷過程中，推銷員為推銷自己的產品而談判，顧客為購買自己需要的產品而談判，雙方為了得到自己需要的東西坐在一起，是合作的關係。

既然談判從本質上來講是一種合作關係，那麼，我們就要注意到一點——平等。雙方只有認識到在談判天平上雙方都是平等的，才能以尊重的視角來訂立協定。雙方才能獲得人格上的尊嚴，人格的力量將促使雙方相互契合，既為自己打算，又為對手考慮，達成謀求共同利益的基礎，避免落入那種非輸即贏的單一而殘酷的競爭局面。

談判是一個雙方協調、互助以達到共同目標的過程。我們來看一個案例：

日本某公司向中國某公司購買電石。此時，是他們合作的第五個年頭，之前已經有了非常好的合作基礎，但在這次談價過程中，日方將價錢從四百一十美元一噸壓到三百九十美元一噸。

日方如此壓價的理由是，他們已拿到多家報價，有四百三十美元一噸的，有三百七十美元一噸的，也有三百九十美元一噸的。因此他們根據市場均價提出三百九十美元的價錢是合理要求。

中方的談判小組針對日方的壓價做出新的談判策略，首先為確保工廠始終擁有訂單來保證連續生產，可以接受三百九十美元的價格。可是為了讓工廠獲得更大的利益，談判小組希望能夠將價格提高。

談判小組分析了日方做出壓價決定的事實根據，得知三百七十美元是個人公司報的價，四百三十美元是生產能力較小的工廠的報價。而自己的公司是大公司，品質服務是個人廠商與生產能力較小的廠商所不能比擬的。

談判是以雙贏為目的。談判中最重要的守則是在不損害自身利益的前提之下，拿出一些有利於對方的東西。

因此中方談判小組最終決定在價格上做出適當讓步，又沒有完全達到日方所提出的價格，僅將價格下調了十美元一噸，最終雙方以四百美元一噸成交，比工廠廠長的成交價高了十美元一噸，完成了雙贏談判。

從這場談判中我們不難看出，談判的目標在於雙方達成協議，各有所得。是一場以雙贏為目的的生意。

既然雙贏談判擁有這麼多優勢，如何實現雙贏談判？

方法一：做個更大的餡餅，而不是爭論切開的餡餅每塊該有多大

這個方法說的是將矛盾的核心從分攤都不願意放棄的利益，轉移為獲得更多的資源。運用這樣的談判方法，需要創造性的思維，透過制訂許多種選擇方案，尋求對雙方都有利的選擇方案，找到雙方共同利益之所在，然後才能判斷哪些條件最合適。

方法二：關心對方的需求，協作互利

談判過程中總會存在諸多分歧。這個方法就是明確雙方都有哪些分歧，並且雙方同意對分歧進行協商，進而解決最主要的問題。

方法三：削減成本

我們都希望能夠花更少的錢來購買同樣的產品，如果能有一種方法來削減供應商的生產成本和經營成本，那麼採購方就會得到較低的採購價格，同時供應商也由於降低了成本結構而在市場上更具競爭力。

♞ 透過架橋彌合雙方的差距，來滿足雙方的需要，是個創造性的選擇。這種方式不可能滿足每一方的全部需要，但它通常能使各方滿意。

找到對方的需求

談判中談判雙方都有直接或間接的需要，都希望能儘量滿足它。談判時將對方的需要納入考慮範圍，談判就已成功了一半。若是只考慮己方的利益，結果必有一方不甘受損，事實上雙方都失敗了。

企業界在談判中，總是暗含著兩項惡意的脅迫：一項是勞方——罷工的威脅；一項則是資方——關閉、遣散。所有勞資的談判，雙方都瞭解一旦談判破裂，總有一方甚至雙方會有上述舉動。美國著名的鐵路工人大罷工，雖然贏得了談判的勝利，但罷工後，公司倒閉，大批工人失業，這就不能被稱為成功的談判。有人稱此類談判為「成功」的「手術」，不幸的是病人死在了手術臺上。

對我們而言，談判目標、需求、條件等都是透過談判行為來實現的，比如，上司的工作是激勵、說服、影響、調整下屬的工作狀態，行銷人員則是透過各種方式說服他們的受眾。能夠促成談判成功的技巧，就是既說服了談判對方，又在可調控的範圍內滿足了自己的需求，滿足了雙方的利益，達成共識，並建立了良好的社會關係。如果一個人想從別人那裡得到自己想要的東西，並準備為之進行交易時，談判就開始了。實際上，無論是在購物時還是在工作中，談判每天都在發生。所以，領悟或挖掘對方的潛在需求，就是當事人想從對方那裡獲得所需而進行協商的過程。

以電話行銷為例，我們常用提問的技巧，逐漸使對方的潛在需求明朗化，成為顯性需求。對方為什麼願意跟你談，因為對方希望從你這裡得到解決問題、滿足需求的管道和方式。尤其很多時候，客戶可能並不清楚自己的需求，他們無法量化地將其標明，他們的需求甚至只是一種不明確的感覺。那麼，這個時候就需要你將這個需求挖掘出來，明朗地擺在雙方面前，共同討論、協商，為此制訂解決方案。就像是我們覺得身體不舒服，但是又不知道到底是哪裡出了問題，所以，我們有了看病的需求。

哈佛商學院的談判內容不止是關注於談判這個事件本身，更大程度是建立在人文角度來進行分析和研究，這些談判內容更多是在研究人與人之間的關係和反應。所以，在談判中，我們必須要知道自己的需求，明確對方的需求，按照彼此的動機來制定相關的策略。因為只有解決了這個本質的問題，談判才能夠進行下去。

我們來看看下面這個案例：

海洋占地球面積的七十％，而蘊藏在其中的生物、礦物十分豐富，所以，海底資源的勘探和開發一向是工業社會的重要課題。二十世紀六〇年代，許多國家對於能源開發的問題越來越重視，所以，人們對於海洋的關注也越來越頻繁。國際社會也一度制定了一系列關於海洋資源開發要受國際監督、合理公平利用海洋資源的合約。

七〇年代，在美國召開的國際海底資源開發會議上，美國國務卿季辛吉建議，由聯合國的附屬機構國際海底管理局作為甲方，與作為乙方的私有或國有企業「平行開發」海底礦藏。但很多發展中國家對此條約存在疑慮，擔心最好的採礦地是否會被發達國家優先取用。所以，此次會議一直爭議不斷，無法制定最終結果，談判氣氛變得劍拔弩張。

最終季辛吉提出了一種分割——挑選的辦法，即每一個預定礦址的申請者首先要探明一塊足夠大的區域，這塊區域所蘊藏的資源可供兩家公司開採，而後，由這家採礦公司（主要來自發達國家）將所探明的場地一分為二，而國際海底管理局有權優先從中挑選一塊——這一方案獲得多數贊成。

我們從案例中可以看出，關於海底資源開發的問題，各個國家之間之所以存在爭議，完全是因為擔心對方把最好的資源搶先開發，他們的需求就不僅僅是獲得資源，還希望得到資源開發的優先權。但優先權不是每個國家都有的，所以最終制定的策略幾乎可以滿足若干國家的需要。

所以，挖掘需求，明確需求，以彼此的需求本身為利益點來制定共同方針，是一個非常重要的環節。

美國心理學家亞伯拉罕．馬斯洛於一九四三年在《人類激勵理論》論文中提出馬斯洛需求層次理論。該理論將需求分為五種，像階梯一樣從低到高，按層次逐級遞升，分別為：生理上的需求，安全上的需求，情感和歸屬的需求，尊重的需求，自我實現的需求。另外還有兩種需要：求知需要和審美需要。這兩種需要未被列入到馬斯洛的需求層次排列中，他認為這二者應居於尊重需求與自我實現需求之間。

基本上人類的需求都離不開這些。瞭解到這些資訊後，我們就可以將之運用到實踐之中。比如，當你想要說服一個靦腆害羞卻十分嚮往學校的孩子，去試著融入團體生活的時候，你就需要利用他的社交需求，緊扣這一點進行引導；當你想要激勵一個事業遇到瓶頸的管理人員的時候，你就需要激發他的尊重需求、自我實現需求，等等。

人的需要是很複雜的，不是如此簡單就可以直接提出的。我們更多的是要學會辨析對方的哪些需求最重要，哪些可有可無，針對哪些制訂計畫比較方便，等等。這都是需要思考的問題。而這個思考過程是雙方的，你需要考慮別人的，也不能忽視自己的。否則，一味地退讓只能是讓結果不那麼令人滿意。

學會關注價值

在談論這一節的內容之前，我們先來看這樣一個故事。

兩個孩子得到了一個柳丁，他們想把柳丁切開一人一半，但雙方都擔心對方的那一半可能比自己的多，於是他們爭論不休。最終，他們想出了這樣一個解決方案——兩人中一個人負責切，另外一個孩子則有挑選其中一半的優先權。這樣，在彼此都儘量保證公平的前提下，雙方都能夠得到令自己滿意的那一半。

最終，兩個孩子拿到了令自己滿意的半份柳丁回家了。回家後，其中一個孩子把皮丟掉，把果肉榨成橙汁，另外一個孩子則把果肉丟了，把橙皮留下，磨碎混進了做蛋糕的麵粉裡面。雙方對此都感到很滿意。

故事到了這裡，我們是否能夠看出一些問題呢？

兩個孩子的做法看似非常的公平公正，好像每個人都得到了自己應得的那份——一個孩子愛喝橙汁，他有了半個柳丁分量的果汁；另一個孩子想吃蛋糕，他有了半份柳丁分量的橙皮。但我們發現，就他們的需求而言，他們原本應該每人都可以獲得一份柳丁的分量。他們過分關注公平、公正，希望一分一半，卻忽視了自己「原本的需求」和「一人拿到完整一份柳丁的量」並不衝突。

這時，我們明白了，「對半切」並不是最完美的解決方案，也就是說，這次談判並沒有為兩人創造最大的價值。商務談判的過程實際上也一樣。優秀的談判者並不是一味固守立場，追求寸步不讓，而是要與對方充分交流，從雙方的最大利益出發，創造各種解決方案，用相對較小的讓步來換得最大的利益，而對方也遵循相同的原則來取得交換條件。在滿足雙方最大利益的基礎上，如果還存在達成協議的障礙，那麼就不妨站在對方的立場上，替對方著想，幫助掃清達成協議的一切障礙。這樣，最終的協定是不難達成的。

所以，要做到圍繞價值進行討論的談判，就需要我們做到一點——「放棄強權，關注價值」，也就是說，既不在孰是孰非的問題上緊抓不放，也不在公平、平等的問題上鑽牛角尖，更不要一味地針鋒相對、寸土不讓。強爭豪奪或許無法給你帶來最大的利益。

這種以關注價值為主的談判策略，我們稱之為「合作性雙贏策略」。這種談判策略透過良好的溝通開發更多的價值，使談判雙方的利益都可以得到最大限度的滿足，具有更低的風險，更高的價值。或許很多人會認為，這種策略看起來有幾分「好好先生」的意味，過於天真，你要是為別人著想過多的話，就必須犧牲自己的利益。其實，這是一個錯誤，這個觀點就是把彼此的利益放在了對立的立場上面，把這個談判看成了「非此即彼」的戰鬥。

實際上，只要運用得當，這種合理的價值觀念會成為推動談判成功的循序漸進的動力。因為，關注價值的要務就是重視雙方的合理利益，這種雙向交互性的談判氛圍，能夠讓談判雙方逐漸地敞開心扉，對維護對方權益的抵觸情緒逐漸削弱，戒備心和攻擊性降低。在這種和諧的心理狀態下，彼此都會儘量避免正面的權勢交鋒。

所以，當我們明白了價值這個關注點之後，就可以來瞭解一下，圍繞價值，我們將談判分為幾個步驟，以下我們進行的大致規劃。

價值步驟	申明價值	創造價值	克服障礙
階段程度	初級階段	中級階段	攻堅階段
階段含義	溝通各自的利益需要，申明能夠滿足對方需要的方法與優勢。	溝通瞭解後達成的協議並不一定對雙方都是利益最大化。	克服阻礙價值最大化的各種問題和衝突，以求獲得最優利益。
解決問題的方向	主要技巧是透過提問，探尋對方需要，申明我方利益。	尋求解決問題的最佳方案。	利益衝突障礙是需要雙方按照公平合理的客觀原則來協調利益；自身決策程式障礙就需要談判無障礙的一方主動去幫助另一方順利決策。

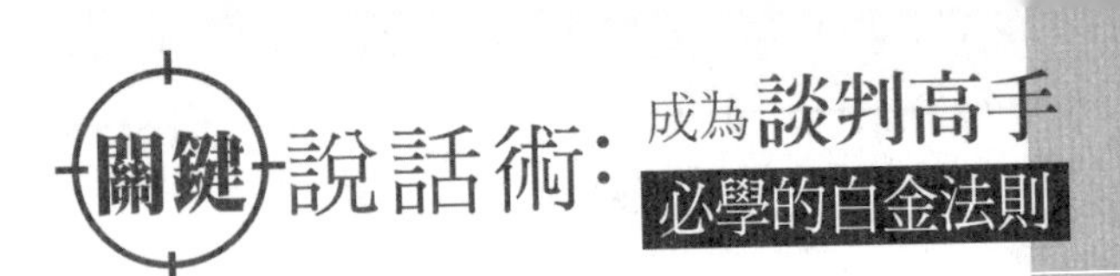

♞價值是指事物對我們的用處和我們對事物的需求。當談判專家總覽全域地進行談判時，我們也有自己的基本目標——在談判中主張利益最大化，也就是創造最大價值。

先把蛋糕做大，再做利益分割

在商務談判中，我們經常會執著地，堅持地對對手講：我要A，我就是要A。比如表現為：我覺得價格一定要在一百元以上。我覺得帳期一定要三十天，我覺得這個協議一定要寫上允許退貨這一條。

我們常說條條大路通羅馬。在談判桌上，我們爭取的是利益，但是獲取這些利益需要制訂方案，獲得利益可以透過方案A，也可以透過方案B、方案C。因此，我們在談判時會準備多個方案，這些方案是為利益服務的，不能因為方案而忘記自己的利益，因此，獲得我們的利益，可以採用方案A、方案B、方案C等，這些方案可能是事先準備好的，也有可能是在談判中逐漸摸索出來的。如果方案A不行，可以採用方案B，方案B行不通，可以採用方案C，這些方案就像一個個「測試球」，一個一個試探對方，總之，方案是為了達到目的，不同的方案是為利益服務的。這裡的利益，指的不是單純的利益，而應該是價值。

概括地說，就是「先把蛋糕做大，再做利益分割」。這裡的「蛋糕」我們都明白是說「價值」，但為什麼會有這樣的說法呢？其實，談判雙方預期的收益，往往來源於彼此共同創造的收益。不是單純地做出分配，而是先增加可供支配的價值利益，然後再進行分配。這個過程，其實就是「先加後減」。

我們現在更為形象地闡述一下，你和對方都有材料，你們合作做了一個八吋的蛋糕，按照你們各自的需求和利益，無論是一人一半也好，是一人分得奶油一人分得蛋糕也好，你們都得到了一個八吋蛋糕合理的分量。但如果你們用已有的材料做的是十六吋的蛋糕，雙方就會得到的價值就會是原有利益的一倍。如此，我們可以推論，只要增大蛋糕的分量，彼此能夠分得的分量也會相應增加。

因為彼此分得的結果在談判結束前是可以商量的，所以，這個「創造價值，最大化價值」的過程是可以透過彼此合作完成的。那麼，我們應該怎樣把「蛋糕做大」呢？這個時候，就需要我們立足於利益點和衝突點的平衡。

一、利益的相容性——找到可以動的「蛋糕」

不相容利益指雙方所需的是同一種需要，此種需要非此即彼。相容利益就是雙方有不同需求，你我各取所需。找到了這樣的利益，我們就能夠明白，哪些蛋糕能動，是可以調整的，是可以最大化的。

二、利益的長短性——建立長久合作的心態

短期利益是指一次性交易後出現的利益，長久利益是指包括短期利益在內，預計未來一定時期內與對方交往所得到的利益。以長久合作的心態來對待此次談判是有益的，尤其在商務領域，我們不能斷言永遠不可能再次合作。而這種心態也是有助於我們的社會影響和道德評價的。

三、利益的顯隱性——發掘容易忽視的利益

顯性利益是指可見的、可用貨幣直接衡量的利益；隱性利益指容易被談判者忽略的卻又能夠表現一定價值的利益。所以，在談判初期，就需要談判者發掘和研究可能蘊藏的隱性利益，並分析其利益的多少。

我們需要在這裡做一下說明，「把蛋糕做大」並不是表現單一的方法，正如以上所說，我們是可以根據實際的環境進行策略調整的。比如，一對夫妻商量去做家庭旅行，他們都能夠請一周的假。但丈夫主張去山裡露營，妻子則想去海邊小屋。爭論之後的折中方法是先去露營再去海邊小屋，不過這個方案不僅在時間安排上太緊迫了，而且整個家庭旅行的活動並沒有那麼盡興，還增加了疲勞感。

所以，雙方覺得應該制訂一個更完美的方案。如果這個時候使用「做大蛋糕」的策略，那麼，方法就是丈夫和妻子分別可以和彼此的老闆商量，增長假期，每人獲得兩周的時間。這樣，一周山上露營，一周住海邊小屋，分別滿足了彼此的需求。

不過這個方案的提出是基於雙方的利益並沒有直接衝突的前提下，只是時間問題。但如果是其他原因，比如，丈夫不喜歡吹海風，妻子討厭山上的環境，等等。那麼，透過增長假期來做利益分配的方案就大大降低了可行性。

那麼，在這個情況下，相互妥協就是解決這類問題的方案之一（這可以算是利益的相容性）。就是找到彼此需要的共同點，即雙方都可以接受的需求，比如，可以選擇一個

近山又近海的地方進行活動。

或者是補償策略，即談判雙方只要其中一方讓步程度較大，另一方可以提出一些補償措施（找到隱性需求），比如妻子如果同意一起去山上露營，丈夫可以給她買她最想要的香水之類的東西。同樣屬於挖掘隱性需求的技巧，還有發掘其他路線方針的策略，即丈夫為什麼想去山裡，妻子為什麼喜歡海邊，如果是丈夫喜歡清靜，妻子喜歡海灘活動，那麼兩人可以找一個滿足雙方要求的地方。

♞ 以商務談判為例，不以顯性利益如「價格」為唯一標準，而是多重利益共用。即別人以價格要脅，你就討論品質；別人用品質苛責，你就說服務；別人用服務貶低，你就聊條件；別人用條件逼迫，你就講價格。方式都是靈活的。

3D談判視角

我們來設想一下，你現在從窗外望去，仔細地留意你所能夠觀察到的景象；然後，再用相機把你看到的景象拍下來。之後，做一個對比，你可以一邊看自己肉眼能夠看到的景象，一邊觀察照片，兩者有什麼不同？

當然了，它們最大的不同，就是照片更為平面，而肉眼看到的更為立體。這種把世界看作3D空間的特殊能力，對我們來說是非常重要的。我們雙眼觀察到的景物不僅僅只是一個平面，而是更有縱深感、凹凸有致的立體場景。

談判也是一樣的。我們要把談判放在一個更為立體的3D環境中進行分析、思考，這樣才能夠有更為廣闊的視野。而這個3D視野包括你自身的資訊、對方的資訊、自身和對方所屬的集體關係資訊、談判問題的資訊、談判問題的延伸資訊，等等。要把這個思考方式帶入到談判中去，你才能獲得更好的談判結果和效果。

有一部叫作《征服情海》的電影，它塑造了一個由事業高峰進入低谷，再開闢新高峰的男人形象。而這個角色是有現實原型的，他名叫雷·斯坦伯格，是一名體育精英的經紀人。他的「斯坦伯格和穆拉特」公司充當一百多名運動員的經紀人，商談幾百萬美元的協定。他有著敏銳的市場洞察力，察覺到自己在這個行業的拓展價值，於是代表公司進行吸引人才的各項談判。

他同時和好幾家公司打交道，但他打交道的方式與別人有些不同。在他的觀念裡，談判存在於生活之中，需要帶著明確目標和原則哲學來處理。他說：「目標不是毀掉對方，而是尋找最有利可圖的方法來完成對雙方皆可行的協議。」他堅持讓他的客戶不但將他們的談判和運動生涯看成對才能的考驗，而且看成是對個性的考驗。他鼓勵客戶將自己龐大收入的一部分回贈他們的社區，建立基金或捐給慈善事業。

我們可以來看看下面這個案例：

美國女作家巴巴拉寫過一本書——《一個真正的女人》，主角艾瑪出身貧寒而歷盡艱辛，最終發跡成為經濟舞臺上的女強人。艾瑪除了有絕對的自信之外，還有著極高的公關水準，這使她不斷取得成功。書中寫到一個耶誕節的前夕，艾瑪正在自己開的小鋪子裡，一個富人家的管家傑克遜太太進店採購來了。

艾瑪迅速地看了一眼採購單，「好，很清楚，傑克遜太太。可是，也許您應該……」艾瑪停下來，若有所思地看了一眼女管家，說：「我想是否應該增加一些肉製品。您知道的，孩子們很愛吃，今年假期又特別長。說實話，已經有不少人來訂購，到週末是否還有剩餘真難說。」

「噢！這我真沒想到！那好吧，請把我要的數量增加一些。」這時，她的目光落在進口食品上，「天哪，瞧，這麼多好東西！」女管家仔細看著土耳其蜜餞盒子和艾瑪做的精緻的標籤：進口專賣，數量有限。

艾瑪低著頭，假裝在看那張單子，對傑克遜太太的驚叫似乎沒有聽見。實際上她一直在注意這位主顧，暗暗琢磨著她的購貨心理。那張標籤是她昨晚故意加上去的，而且知道這樣更容易引起主顧的注意。

傑克遜太太好像被進口甜食迷住了，終於開口道：「這些食品我都不認識，樣子挺吸引人的。可是對我家主人來說，也許太奇特了。」

「您這麼認為嗎，傑克遜太太？所以我認為，凡是上層人家都挺喜歡這類精緻食品。」艾瑪巧妙地話題一轉，「說起來，我還真後悔貨訂得太少了。這點東西一搶而空。昨天塔樓區的一個廚娘，一下子就要我給她每樣留兩份。」她拋出誘餌後，故意又加了一句：「當然了，價格是貴了一些。」

傑克遜太太瞪了艾瑪一眼，說：「我家女主人從不擔心價格，給我每樣留三份。」

艾瑪微微一笑。最近，她學會了利用有錢人家廚娘和女管家之間互相比較的心理，增加銷量。「好極了，傑克遜太太。我立刻給您留出來。您知道，我對您歷來樂意盡力效勞的，傑克遜太太。」

女管家有點飄飄然了。「真高興您對我另眼相待，哈特太太。現在，您再看我的單子是否齊全了？」

艾瑪裝作認真思考的樣子，「如果我是您的話，我就再加兩罐豬肉罐頭，三罐蘋果汁。有備無患。」

傑克遜太太看著艾瑪，好像她幫了她多大忙似的。「謝謝，哈特太太。您替我想得真周到，自從您在中心街開店後，我省事多了。好了，我該走了。祝您耶誕節快樂，寶貝。」

「您簡直可以把戈壁灘的沙子也賣掉，艾瑪，我從沒見過誰這麼會推銷。好傢伙，妳把她的訂貨增加了一倍。」一位顧客即席發表評論說。

「三倍。」艾瑪說，並狡黠地笑了笑。

艾瑪的引導是非常巧妙的，從各種角度，比如，孩子們的現實需求、傑克遜太太的虛榮心、消費者的購物心理，等等進行綜合分析，用以退為進的方式，看似沒有說服，實則是很高端的談判技巧。這就是3D談判的形式之一。

既然有3D談判，那麼，是否有1D談判、2D談判呢？我們可以來瞭解一下：

1D談判就是我們本身非常熟悉的談判因素，包括文化的差異性對談判的影響、談判過程中的社會關係建立、商務談判前的報價研究等。

2D談判就是我們從人際過程前進到價值創造的實質，包括「做大蛋糕」的方案等。但這兩項是否存在不足或者是局限性呢？那就是當談判雙方（甚至多方）在特定的日子「討價還價」的時候，就預示著談判模式的初步形成，那就意味著模具已經存在，就談判者而言，可能會受限制。

為了解決種種問題，3D談判的優勢在於，它能夠在談判桌外預見到最有前景的結構和行動，而且付諸行動。他們把最合適的各方帶到談判桌邊，以適當的次序談判適當的問題，在適當的時刻透過適當的方式，直面最佳的替換方案。運用3D法的談判者不是在談判的模具中變換姿勢，而是重新熔爐，按照自己的想法來改造重塑，這種方向自由性更強，更不受限制。當我們的談判已經運用了3D視角的時候，就能夠時常提醒自己對對方進行關注和瞭解，能更靈活地使用互換思考。

其實，這個時候你要做的事情概括地說就是分析研究所有與談判相關的因素，加以綜合性的考慮，然後評估各方利益，選擇最佳替代方案。你要對對方的觀點、看法、預期結果、利益方向進行判斷，然後，他們就會為了自己的需求，選擇你提供的思路。那麼，這種可持續的價值，我們要怎樣嘗試創造呢？

第一步：紙上畫圖。考慮各方面的問題，並將其標注出來。比如，這個談判進行的最關鍵的原因本身等。

第二步：利益評估。清楚考慮彼此最根本的利益，包括短期的長期的、顯性的隱性的、相容的不相容的，等等。同時思考無形（如談判中的感受，對方的信譽，溝通理解的程度等）和有形（如價格、時間和計畫書等）的因素。

第三步：最佳替代方案。此路不通彼路通，不要在一個方案上鎖死自己，要用更有創造性的角度、更有創意性的思路去思考、分析談判問題，進而制定可行的談判策略。

第四步：找到共同利益。也就是解決雙方的衝突。就像是上面我們提到的柳丁與孩子的案例一樣，一個孩子要的是橙皮，一個孩子要的是果肉，那麼解決方案就是可以將彼此不需要的東西給對方，就可以實現利益最大化了。

♞

義大利外交家丹尼爾．瓦雷曾經說過一句話，能很好地說明談判的本質——談判就是讓他人為了他們自己的原因按你的方法行事的藝術。

Negotiation

Chapter 5

各種情況下的談判

要原則談判，不要立場談判

人與人之間的距離越近，衝突就可能越多。隨著衝突矛盾越來越多，需要談判的場合也越來越多。

正如早餐餐桌上發生的那一幕，你開始有主見的小兒子拒絕吃營養麥片，而你的太太則想盡辦法讓小傢伙妥協，最終一個小時的看電視時間才能讓這個小傢伙不情願地就範，對嗎？儘管談判時刻會發生，但要談出你期望的結果卻不容易。如何進行有效的談判，什麼樣的談判方法更能有效地說明我們達到談判的目的，以及我們應該如何去進行談判？這些正是我們要進行探討的內容。

人們根據談判時所持的態度，將談判進行了分類：軟式談判、硬式談判與原則式談判。

軟式談判也稱讓步型談判。其特徵是談判中的談判者將談判對方看作是朋友，在談判中以妥協、讓步為手段，信守「和為貴」的原則，隨時準備以犧牲己方利益換取協定與合作。

這種溫和式的談判者總是避免發生衝突，最後發現自己被別人利用而不得不咽下苦果。聽起來是不是很像強勢的老闆希望老實人更多的加班，而老實人雖然不願意加班卻又不想得罪老闆。最後的結果是老實人會毫無辦法地繼續加班。

與軟式談判相對的，是硬式談判，也稱立場型談判。其特徵是立場型談判者視談判對方為勁敵，強調談判立場的堅定性，強調針鋒相對。把任何情況都看作是一場意志力的競爭和搏鬥，往往在談判開始時就站在一個極端的立場，進而固執地加以堅持。這類談判者在談判過程中很少顧及或根本不顧及對方的利益，以取得己方勝利為目的，立場堅定、態度強硬。

硬式談判看似不錯，但如果對手也是個硬式談判選手的話，這種針尖對麥芒的對碰結果往往是把自己弄得筋疲力盡、黔驢技窮，兩者之間的關係也越來越糟。類似的談判似乎經常會出現在夫妻、情侶之間。不論是什麼原因開始的談判，兩個都不願意讓步的人最終往往會吵到不歡而散。

最後一種談判方式——原則式談判，也稱價值型談判。其特徵是談判者將談判對方看作與自己並肩合作的同事，兩者之間的關係既非朋友更非敵人。這種談判方式中談判雙方的關係既不像軟式談判那樣忽視己方利益的獲取只強調維護雙方的關係，也不像硬式談判那樣針鋒相對，不顧雙方的利益。

原則性談判的目的是竭盡全力在雙方利益上尋找共同點，以此為基礎設想各種使雙方各有所獲的方案。

我們將這三種談判類型進行列表比較，分析其優缺點。

談判類型	軟式談判	硬式談判	原則談判
與談判方的關係	對方是朋友	對方是對手	雙方是合作關係
談判目的	目標在於達成共識	目標在於勝利	目標在於有效、愉快地取得雙贏的結果
維繫關係方式	為了友誼做出讓步	要求對方讓步作為維持雙方關係的條件	把人和事分開
對人和事的態度	對人和事採取溫和態度	對人和事採取強硬態度	對人溫和、對事強硬
信任度	信任對方	不信任對方	談判與信任無關
採取立場	容易改變立場	固守立場不動搖	著眼於利益，而不是立場
對待對方的態度	給予對方實惠	威脅對方	探討共同利益
談判底線	亮出底牌	掩飾自己的底線	避免談底線
利益獲取	為了達成協議願意承受單方面損失	把自己單方面獲利作為達成協議的條件	為共同利益創造選擇方案
解決方案	尋找對方可以接受的解決方案	尋找自己可以接受的解決方案	尋求多種解決方案，之後再做決定
談判態度	以達成共識為目的	以堅守自己的立場為目的	堅持使用客觀標準
意志	避免意志的較量	試圖在意志的較量中取勝	爭取基於客觀標準而非主觀意願
壓力	迫於壓力而妥協	給對方施加壓力	堅持並歡迎理性方法，只認道理，不屈服於壓力
立場	立場談判	立場談判	原則談判

從以上的列表分析對比不難看出，原則談判在軟式談判和硬式談判的基礎上揚長避短，強調公正和公平。這種不溫和也不強硬的談判方式基於使雙方盡可能實現雙贏，當雙方不在立場上彼此計較，而是在基於道理與原則，對人溫和，原則談判可以讓你得到你想要的結果，同時，又能保護自己不被對方利用。也正因如此，這種談判方法可以被用在各種場合，可以是和你太太商量去哪裡度假，或者和她談如何進行離婚時的財產分割，甚至經濟訴訟案，石油合作談判。任何人都可以使用這種談判方式來解決問題。

如果單純地從談判的目標出發，任何一種談判手段都可以達到我們需要的結果，但是其他的談判方法會在立場上糾纏不清，使雙方無法完成以下三個基本準則：

1、是否有達成共識的可能，是否能夠達成雙贏的協定。

2、談判是否有效率。

3、談判是否增進或至少不損害雙方的關係（雙贏的協定是指協定盡可能保障雙方的合法利益，公平解決雙方的利益衝突，協議持久性強，並考慮了社會效益）。

糾纏在立場上，談判的雙方就會因各自的立場不同而討價還價，越是保護自己的立場，立場就越堅定，越想讓對方同意並站在自己的立場上思考問題，之後死守住自己的立場，直到把自我形象上升到自我立場的高度，之後的談判就變成了維護自己的自我形象的過程，把今後的行為與過去的立場聯繫起來，雙方的談判從最初的利益達成共識變成了顏面之爭。

我們來看這樣一個故事：

約翰的太太露易絲希望在情人節收到約翰送出的情人節禮物，她的利益初衷是希望和約翰進行一次度假旅行。而約翰希望在情人節那天帶她出席一個酒會，因為約翰答應了他的好友會和太太一起出席好友舉辦的情人節酒會，於是約翰拒絕了太太的請求。

之後他們就如何度過這個情人節開始談判，這個過程並不愉悅。因為露易絲覺得約翰沒有和她商量就擅自做出決定這很不尊重她，沒有表現出對她的體貼與愛護，之後開始不停地列舉出平常生活中的瑣碎小事，爭吵不斷升級之後，她開始站在維護自己在家庭中的地位與形象的立場上與約翰辯論。而約翰覺得自己在家庭中的一家之主的地位受到了挑戰，也開始從太太不可理喻的思想出發與她辯論。

最終的結果必然是談判破裂，二人不歡而散。其實約翰和他的太太都沒有想明白一個事實，即他們的初衷，都是希望度過一個讓兩人都非常愉悅的情人節。

從這段不怎麼開心的經歷不難發現，當雙方的精力投入到立場上時，各自關心的問題——如何度過情人節被忽略掉了，達成共識的可能性也隨立場的改變而變小了。最後談判的結果也許只是機械地反映各自最終立場的差距，而不是真正地考慮雙方最初的談判話題，結果自然也不會讓雙方感到滿意。

其實這件事還沒結束，畢竟約翰的太太露易絲的氣還沒消，而情人節還要過。作為紳士，約翰先使自己的頭腦冷靜下來，開始安慰太太，等她平靜之後又和她談論如何度過這個情人節。當他們彼此妥協達成一致的時候已經是深夜了，兩個人精疲力竭。儘管變更了幾次立場之後，最終找到了一個妥協的辦法。但這個討價還價的過程消耗了大量的時間和精力，這也就是糾結在立場上缺乏效率的典型。

其實這個故事還沒結束，這一年的情人節過去了，但兩人的結婚紀念日快到了……沒錯，為了如何度過結婚紀念日，約翰夫婦又經歷了這樣一次痛苦的談判過程，這次一開始，露易絲就很抵觸，因為上次談判中約翰曾經對她說：「我絕不會讓步的，除非和我一起去酒會，否則就別過情人節！」

當一方看到自己的合理要求由於對方的強勢而得不到重視時，負面情緒往往佔據上風，這種糾纏在立場上的談判影響了雙方之間的關係。

當然更糟糕的情況會是，他們之間的談判牽扯到更多的人，更多的參與者，比如約翰的岳父岳母，約翰的父母，約翰和露易絲的朋友們。結果不會因他們的加入而變得容易，反而會更糟糕。

那麼，如果從一開始的談判中約翰就做出讓步呢？是否結果會更好？

不，事實並非如此，如果一直向太太妥協就要犧牲約翰的錢包了，這並不是最好的解決辦法。他們其實應該嘗試第三種方式，也就是原則談判。

談判有兩個層次，簡單的層次就是解決實際的問題。而更深一層則是關注解決實際問題的程式。你可以把它看作「遊戲中的遊戲」，你談判的目的是希望得到更多的薪水，你採取的談判方式會決定你的薪水標準，也會有助於建立遊戲規則，使得談判以原有的方式繼續進行下去，讓你下一次加薪的談判依照此規則進行下去。這就是我們在探討的談判方法——原則談判。

依照原則式談判的思路，在哈佛大學「哈佛談判專案」的研究中，羅傑・費希爾和威廉・尤里對談判過程的關鍵點重新進行了詮釋，如下：

關鍵點一：人

原則談判——將人與問題分開

關鍵點二：利益

原則談判——集中在利益上而不是在立場上

關鍵點三：方案

原則談判——創造對雙方都有利的交易條件

關鍵點四：標準

原則談判——堅持客觀的標準

這四個問題，我們都將在後面的章節中進行詳盡地探討。

♞

原則談判是個通用性的策略，它與其他的談判方法最大的不同在於，無論談判中需要解決的是一個問題還是多個問題，是一方參與談判還是多方參與談判，無論是有程式的還是無程式的，無論對手是有經驗的談判者，還是熟悉談判方法的對手，原則談判都不會讓談判過程因此更加艱難，而是更大程度的簡化。

對事不對人

人人都知道，談判是一項合作。想要一起解決問題，就需要談判雙方相互理解、不發脾氣、有分歧不往心裡放，可是要做到這點難度有多高？

某日商企業最近的銷售業績不好，為了提高效益，企業高層坐在一起進行了一次談判，希望能夠找到提升業績的辦法。

負責銷售的主管說：「產品欠佳，所以賣不出去，如果想要企業發展下去，必須讓產品品質有所提高。」緊接著負責生產的主管說：「是銷售無方導致產品賣不出去，這和我們的產品品質無關。」接著整個管理層之間就會進行無休止的爭吵、推卸責任與互相指責。

這種情況下，如果總裁是做銷售出身的，那麼銷售部的意見就會比較強勢；如果總裁是生產部出身的，銷售部的人就得像個受氣的小媳婦。

這個案例告訴我們什麼？

別急，我們再來看一個案例：

一九八一年，總裁傑克．威爾奇採用「衝突對抗」制度對通用電氣公司進行管理。

這套辦法簡單地說，就是在產生分歧時，設法讓和自己意見不同的人舉手發言。如果彼此的意見始終無法統一，就從公司內部找來第三者擔任裁判，雙方根據事實陳述自己的意見，再由裁判裁斷誰是正確的。

這個案例又告訴了我們什麼？

談判的氣氛，或者談判參與者的情緒，或多或少會影響談判的進程，或者談判的結果，那麼依照原則性談判的法則，讓大家脫離糾結立場的怪圈，似乎可以嘗試讓談判處於一個較為友好的氣氛下，各方心態都比較平和的時候，容易解決談判中的難題。

對事不對人，就是「哈佛談判小組」為了達到這一目的而誕生的原則。對事不對人，就是將人際關係和實質的談判問題分開，只是就事論事，而不是就人論人，不為對方在談判過程中表現出來的人品、使用的策略等因素所影響，而是就如何解決這個問題來討論和分析。這是一種客觀的態度，也是促成問題合理解決的方法。

如果是對人不對事，那麼情緒變化就會很強烈，強烈的個人情緒和主觀思維就會影響言論和判斷的自由和正確，這樣，互相抵觸，互相防範，就會忽視對方合法合理的利益。對談判各方比較有效的策略是，視彼此為合作者，大家一起冷靜地去尋求有利於雙方的公平協議。

對事不對人就是將目的放在促進事情有效進展的過程中，同時注意自己的情緒，不把對方的否定意見引申到人格人性等層面的方式。對事不對人的原則可以有效緩解談判中的緊張氣氛，具體的操作方式如下：

一、發展移情法

移情法的核心是，如果我們能客觀公正、人事兩分地對待問題，而非個人，也許達成共識並不是困難的事情。作為一個具有戰略眼光的談判家，我們應當意識到，談判者首先是人。

甲和乙因為雞蛋應該從大頭打破還是從小頭打破的問題爭執不下。他們總以為引發爭吵的原因是事物或事件本身，於是他們開始研究詳細的歷史，追根溯源想要找到引發兩人爭端的根本原因，並根據這個原因找到解決辦法。可是事實上，這時的衝突不在於客觀現實本身，而在於人們的思考方式上。

儘管尋求客觀事實十分有益，但最後構成談判的問題卻不是這些事實，而是雙方對於事實的不同認識。站在對方的立場換位思考，這才是解決問題的契機。

但也許單純地換立場還不夠，還需要站在對方的立場上去思考對方的不同利益。一次很激烈的爭執，也許起因僅僅是因為雙方對利益的出發點定義不同。

可是事情往往會比書中描寫的複雜得多，因為人們在談判中堅持己見，除了所堅持的問題或者利益之外，還有面子問題，不想在談判中表現出弱勢。如果改變一下措辭或者換一種形式，使談判看起來公平一些，對方不會感受到處於丟面子的狀態，也許他們會欣然接受。

二、正確地看待情緒

人是非常感性的生物，他們有自己獨特的情緒。可是人們在處理公司及國際交往事務中，往往會忽略這一基本的事實，我們會忘了對方是活生生的人，而不是什麼機器或者一個抽象的概念。和你進行談判的對象擁有自己的感情、獨立的價值觀、他們擁有不同的背景和看問題的角度。這讓他們有時讓人無法琢磨，更無法判斷談判的結果。正確地看待情緒，會讓你在談判中擁有更大的優勢。

談判中，特別是在激烈的爭執中，情緒本身也許比說話更重要。情緒波動會使談判迅速陷入僵局或者致使談判破裂。情緒是會感染的，一方的情緒會感染另一方。恐懼會引起憤怒，而憤怒也會帶來恐懼。

在談判中試圖壓制對方的情緒並不是什麼明智之舉，正確的做法是：允許對方將情緒表達出來。試著把情緒表達出來，並承認有情緒是正常的。試著誘導對方表達出他的情緒，比如你可以說：「我們感覺受到了不公正對待，因此心煩意亂。我們害怕，對方會不依照約定行事。」等等。只有從埋在心底的情緒包袱中解脫出來，才可能集中精力思考問題。

三、加強溝通

溝通是聰明的談判者必須掌握的手段之一，良好的溝通能夠讓你與對手產生很好的合作基礎，也是你獲悉對方訴求的手段之一。

在談判中談判者容易陷入一個錯誤，那就是一種主動進攻，你總是不停地說，希望將對方的話壓下去，希望透過這種方式向對方灌輸更多的思想，並以為用這樣的方式可以佔據談判的主動。可是事實並非如此，在談判的競爭性環境中，你說得越多，你的對手就越排斥，他們能接收到的資訊也就越少，能被他們記得的資訊就更少。在有限的談判時間裡，你的發言佔據了大部分的時間，而對方也有一肚子話要說，被壓抑在肚子裡的結果是，他們會延遲談判或者很難接受你給出的條件，導致談判不斷延期。

♞ 最好的溝通技巧，是用耳朵，而不是嘴巴。讓對方把想說的都說出來，壓抑在心底的話都說出來之後，對方就會像一個洩了氣的皮球一樣，少了銳氣。再針對對方所提出的內容組織反擊時，對方會因為缺少後手而無法抵抗。善於傾聽的耳朵，同樣也是發現對方破綻和真實意圖的關鍵。

不同的對象，不同的策略

談判，主要是靠語言交流完成的。因此，欲取得談判的最佳效果，就要針對不同的談判對象，採取不同的語言策略。

有人戲稱談判是一場頑強的性格之戰。因為我們要接觸的談判對手可能千差萬別，無論經驗如何豐富，也很難做到萬無一失。因此，對於各種不同的談判對象，可以視其性格的不同而加以調整，採取不同的策略。

一、霸道的對手

由於具有某種優勢，這種人十分注意保護其在對外經濟貿易以及所有事情上的壟斷權，在撥款、談判議程和目標上受許多規定的限制。與這種人打交道，一般應做到：準備工作要面面俱到；要隨時準備改變交易形式；要花大量不同於討價還價的精力，才能壓低其價格；最終達到的協議要寫得十分詳細。

這種人的性格使得他們能直接向對方表示出真摯、熱烈的情緒。他們十分自信地步入談判大廳，不斷地發表見解。他們總是興致勃勃地開始談判，樂於以這種態度取得經濟利益。在磋商階段，他們能迅速把談判引向實質階段。他們十分讚賞那些精於討價還價，為取得經濟利益而施展手法的人，因為他們自己就很精於使用策略謀得利益。他們對全面交易懷有十足的興趣。作為賣者，他希望買者按照他的要求做全面說明。所謂全面說明不僅包括產品本身，而且要介紹銷售該產品的一系列辦法。

二、死板的對手

這種人的談判特點是準備工作做得完美無缺。他們直截了當地表明希望做成的交易、準確地確定交易的形式、詳細規定談判中的議題，然後準備一份涉及所有議題的報價表，陳述和報價都非常明確和堅定。死板的人不太熱衷於採取讓步的方式，討價還價的餘地大大縮小。與之打交道的最好辦法，應該在其報價之前即進行摸底，闡明自己的立場。應儘量提出對方沒想到的細節。

三、好面子的談判對手

這種人顧面子，希望對方把他看作大權在握、起關鍵作用的人物。他喜歡對方的誇獎和讚揚，如果送個禮物給他，即使是一個不太高級的禮物，往往也能取得良好的效果。

四、熱情的對手

這類人的特點是，在業務上有些鬆鬆垮垮。他們的談判準備往往不充分又不過於細緻。這些人較和善、友好、好交際、容易相處，具有靈活性，對建設性意見反映積極。所以要多提建議性意見，並友好地表示意圖，必要時做出讓步。

五、猶豫的對手

在這種人看來，信譽是第一重要的，他們特別重視開端，往往會在交際上花很多時間，其間也穿插一些摸底。經過長時間、廣泛的、友好的會談，增進了彼此的敬意，也許會出現雙方共同接受的成交可能。

與這種人做生意，首先要防止對方拖延時間和打斷談判，還必須把重點放在製造談判氣氛和摸底階段的工作上。一旦獲得了對方的信任，就可以大大縮短報價和磋商階段，儘快達成協議。

六、冷靜的對手

他們在談判的寒暄階段，表現沉默。他們從不激動，講話慢條斯理。他們在開場陳述時十分坦率，願意讓對方明確有關他們的立場。他們擅長提建設性意見，做出積極的決策。在與這種人談判時，應該對他們坦誠相待，採取靈活和積極的態度。

針對上面的內容，我們總結出下面幾種應對策略：

1、對兇悍派特別有效的方式是引起他們的注意，必須把他們嚇醒，讓他們知道你的底線在哪裡。其目的不是懲罰，而是要讓他們知道你忍耐的極限。

2、指出對方行為的失當，並且建議雙方應進行更富建設性的談話，在這種情況下對方也會收斂火氣。這時最重要的是提出進一步談話的方向，給對方一個可以繼續交涉下去的臺階。

3、對於逃避派或龜縮派，要安撫他們的情緒，瞭解他們恐懼的原因，然後建議更換時間或地點進行商談，適時說出他們真正的恐懼，讓他們覺得你瞭解他們而有安全感。這種方法對兇悍派也有效，只要他們產生了安全感，自然不會失去控制。

4、堅持一切按規矩辦事。兇悍派、高姿態派、兩極派都會強迫你接受他們的條件，你應拒絕受壓迫，而且堅持公平的待遇。

5、當對方採取極端立場威脅你時，可以請他解釋為什麼會產生這樣極端的要求，可以說：「為了讓我更瞭解如何接受你的要求，我需要更多地瞭解你為什麼會這樣想。」

6、沉默是金。這是最有力的策略之一，尤其是對付兩極派，不妨這樣說：「我想現在不適合談判，我們都需要冷靜一下。」

7、改變話題。在對方提出極端要求時，最好假裝沒聽到或聽不懂他的要求，然後將話題轉往別處。

8、不要過分防禦，否則就等於落入對方要你認錯的圈套。在儘量聽完批評的情況下，再將話題轉到：「那我們針對你的批評如何改進呢？」

避免站在自己的立場上辯解，應多問問題。只有問問題，才能避免對方進一步的攻擊。儘量問「什麼」，而避免問「為什麼」。問「什麼」時，答案多半是事實；問「為什麼」時，答案多半是意見，就容易有情緒。

如何與咄咄逼人的客戶談判

當發現你所期待的客戶不是很好溝通時，你面臨的選擇區間會變得極為有限。這筆生意你丟不得，可是做這筆生意如果賠了錢，你一樣負擔不起。對峙會使生意泡湯，可是妥協會吞食掉你的利潤。打破僵局的辦法是，避開對方的鋒芒，引導你的客戶走一條雙贏的道路。

一個優秀的談判人員，在面對客戶咄咄逼人的壓力和拒絕的時候，也能夠用各種技巧順利完成談判。那麼，如何既能夠保障自己的利益，又能夠促成談判成功，並為下一次的合作奠定基礎呢？這樣的商務談判我們要怎麼做呢？在本書前面的內容裡已經十分明確地點明瞭許多注意事項和談判方向、技巧、方式。那麼，除了上文所介紹的談判運用資訊之外，在進行商務談判的時候，尤其是面對來勢洶洶、咄咄逼人的客戶的時候，我們要做好哪些工作呢，又需要有哪些其他的注意事宜呢？

一、做好充分的準備工作

談判前要做好資訊的搜集工作，主要需要搜集兩大方面的資訊——客戶和競爭者。

要做好談判對象的摸底工作，瞭解他的背景、他的為人、他的談判風格，等等；還要瞭解客戶的需求、心理、期望，然後做好預算，並瞭解客戶對你所銷售產品的瞭解程度。談判不僅包括你和客戶兩方，還存在協力廠商，即競爭者。所以，在談判的準備階段，還要打探清楚同行的資訊，比如他們的產品品質、產量、交貨期、價格的彈性、服務、維護，等等，還要掌握他們的顧客關係以及競爭策略。

二、主題一定要明確

我們曾經說過，可以在談判陷入僵局時，運用「換擋」的技巧，但無論怎麼「換」，我們都要明白，這只是一種緩解的技巧，而不是你的談判主題真的能夠變來變去。我們只是透過這種變化的形式，最終取得對我們談判終極目的的加強和肯定。談判會令人變得不知所措，客戶經常會因為沒能取得絲毫進展而沮喪。這時候最關鍵的就在於保持頭腦冷靜，注意客戶的言語及神態，並且耐心等到平靜時，總結一下談判所取得的進展。比如，你可以這樣說：「您瞧，我們在這個上面花的時間也不少了，我們都想要達成一項公平的合作和共識。現在，我們可以回到付款條件上來，看看我們是否能夠有所進展。」

三、要學會利用感情，而不是被感情利用

我們透過上文知道感情是在談判過程中建立長久關係的重要因素，而且，這樣的技巧很容易在談判一開始就使彼此建立信任感，這種信任感將直接影響到談判的和諧氛圍。我們要清楚，你可以發自內心地去使用這種感情策略並影響對方，但要儘量不讓自己被這種策略反影響。當你的客戶也深諳感情策略的時候，為了避免自己被利用，我們要學會三個小技巧：首先，如果對方發感情牌，你可以要求休會，說明需要和上司商議；其次，不要總是點頭，保持一副同意客戶說法的樣子，你要表現得客觀，但是不要給予對方鼓勵；最後，你可以明確地說明你對客戶的看法和建議，但是時間要掌握好。

♞ 別一開始就先從你和客戶可能發生衝突造成僵局的難題入手，這容易讓談判在一開始就很難進行。你需要先營造良好的氛圍，入手一些比較容易達成共識的問題，這是為了接下去的發展做出一個勢頭。而且，當你們討論比較容易解決的問題的時候，你會發現，或者在這個過程中，又會出現一些變數因素，有些因素或許對你是十分有益的。

推銷時，好聽話人人都愛聽

推銷其實是比較明顯的談判形式之一。客戶從你的身上得到產品或者服務，而你從客戶的身上獲得相應的利潤。

你想要從客戶身上獲得相應利潤這一點，無論是你還是你的客戶都十分清楚，所以，多數被推銷者因為這種提前認知而產生抗拒心理。「你就是想從我身上拿錢，我十分清楚你的目的，所以，你做這一切都是徒勞！」當你的客戶持這種心態的時候，你就需要用一些技巧來引導對方，讓你的客戶覺得，「哦！這傢伙推銷的東西的確是我需要的」「這傢伙對我還是有些關心的」。

以上我們已經介紹了一些談判技巧。比如，挖掘客戶的需求，站在對方的立場上思考、說話，等等。下面我們再介紹一種看起來簡單、普遍，實則運用起來十分需要技巧的談判方式。

我們來看看下面這個案例：

伊斯曼曾經在曼徹斯特開辦過一所伊斯曼音樂學校。為了紀念他的母親，還建了一所戲院。當時，紐約高級坐椅公司的總裁亞當森想得到這兩座建築裡的大筆坐椅訂貨生意。亞當森被領進伊斯曼的辦公室，伊斯曼正伏案處理一堆文件。

過了一會兒，伊斯曼抬起頭來，說道：「早安！先生，有事嗎？」

亞當森滿臉誠意地說：「伊斯曼先生，在恭候您時，我一直在欣賞您的辦公室，我很羨慕您的辦公室，假如我自己能有這樣一間辦公室，那麼即使工作辛勞一點我也不會在乎的。您知道，我從事的業務是房子內部的木建工作，我一生還沒有見過比這更漂亮的辦公室呢。」

伊斯曼回答說：「您提醒我記起了一樣差點遺忘的東西，這間辦公室很漂亮，是吧？剛建好的時候我對它也是極為欣賞。可是如今，我每次來這兒時總要盤算著許多別的事情，有時甚至一連幾個星期都沒好好看上這房間一眼。」

亞當森走過去，用手來回撫摸著一塊鑲板，那神情就如同撫摸一件心愛之物，「這是用英國的櫟木做的，對嗎？英國櫟木的組織和義大利櫟木的組織就是有點不一樣。」

伊斯曼答道：「沒錯，這是從英國進口的櫟木，是一位專門與木工打交道的朋友為我挑選的。」

接下來，伊斯曼帶亞當森參觀了那間房子的每一個角落，他把自己參與設計並監造的部分一一指給亞當森看。

這時候，他們的談話已進行了兩個小時，亞當森也輕而易舉地獲得了那兩幢樓裡的坐椅生意。

有時候，推銷員說話並不在多，關鍵看你有沒有觸到對方心裡那根弦，而客戶的自尊和優越感就是那根弦。

並不是你想到的每一句話都能夠讓對方獲得愉悅感。在運用「說好聽話」這個技巧的時候，你需要考慮一個針對性和度的問題。一個氣球再漂亮再鮮豔，吹得太小，不會好看；吹得太大則容易爆裂。好聽話就如吹氣球，應點到為止，適度為佳。過分的讚美會變成阿諛；讚美不夠效果又達不到。

誇獎或讚美一個人時，稍微誇張一點能更充分地表達自己的讚美之情，別人也會樂意接受。但如果過分誇張，你的讚美就脫離了實際情況，讓人感覺到缺乏真誠。因為真誠的讚美往往是比較樸實的，發自內心的。只有恭維、討好才是過分誇張和矯揉造作的。

要做到點到為止、褒揚有度是有技巧的。

一、比較性的讚美

兩個人或兩件事相比較，在誇獎對方的同時，讓他意識到自己的優點和存在的差距，使對方對你的讚美深信不疑。

二、根據對方的優缺點提出自己的希望

指出對方的缺點和不足，並提出一定的希望，不僅不會損害你讚美的力度，相反，卻使你的讚美顯得真誠、實在，易於被人接受。可以多用「比較級」，千萬慎用「最高級」。

♞ 說好聽話不是我們的最終目的，而是透過這樣一種手段，引導別人注意我們的談話重點，同時增加客戶對我們的好感。

如何給自己談個好薪水

你在一個公司待得不錯——環境好、平臺好、發展機遇好，一開始你會覺得你和公司的勞動交換是對等的，但時間一長，你熟悉地掌握了很多工作上的方式、技巧，你的能力也是十分突出，已經可以在公司裡獨當一面了。這個時候，你就有可能關注和重視自身的價值，還有你為公司帶來的利益。那麼，最初你和公司談下的勞動報酬，似乎就無法滿足已經成長的你。那麼，加薪也就是勢在必行的事了。

我們先來看一下，加薪分為幾種。

普調。公司通常的調薪屬於普調，即具有普遍性。就是公司員工的薪資普遍都提升了，不止你一個人。

跟市場相關的調整。你可能剛進公司的時候是年薪十萬美元，但等你工作一兩年後，根據市場行情可能會做調動加薪。

晉級的調整。你在一個職位上做得十分出色，甚至整個公司都沒有人能夠在某一領域超越你，那麼，你就很可能升職，自然，薪酬也會跟著有所變動。

在我們希望加薪的時候，就需要做好很多工作，給自己一個更好的談判氛圍和機會。

既然已經決定了去談判加薪，那麼，瞭解一下相關的緊要問題也是十分必要的。

一、加薪誰說了算

公司都是分級的，尤其是大公司，隸屬關係有時候很複雜，而小公司也會有等級區分，比如，專案經理、部門經理、部門主管、總經理，等等。這個時候，你應該去找誰呢？這就得看情況了。在普調的時候，你可以直接去找你的隸屬主管，這時他的決策權會相對大一些；在根據市場調整的時候，一般是老闆直接決定，但老闆在調薪規模上也是有控制，並且是根據目的來判定的，這時，你其實不用直接找他。因為，老闆會把自己的計畫直接通知給你的主管。而晉級加薪則是公司規定，有自己的部署。

二、什麼階段談加薪比較好

談論薪水不是你隨便選一個時間就可以的，它需要有適當的時機。你剛進公司一個月，就想加薪，你的優勢是什麼？哪怕你進公司一年了，但是你並未做出任何成績來，你又有什麼理由去為自己談薪水呢？所以，這樣看來，為自己談加薪的前提條件是，你必須對公司做出了突出的貢獻，並且讓上司、老闆明確地看到和認識到。這個時候，我們就需要選一個對自己有益的時間段，比如，你剛剛出色地完成了一個任務。有時，即使你沒有向人力資源部門申請加薪，老闆考慮到你的價值和貢獻，也會主動給你加薪的，因為你的創意、成就已經深入他的腦海。

許多人都認為加薪是一個被動的過程，但如果你真正地讓公司、讓你的主管看到了你的價值，那麼，加薪其實並不是難事。而且，根據你自身的價值，你的薪水漲幅也是不同的，你越是不可替代、越是具有核心競爭力，你所談論的加薪的幅度也就會越高。

三、談判薪水的時候，都有什麼比較常用的技巧

你可以在談判之前，請獵頭公司或專業諮詢公司為自己做一次薪酬價值評估，以此作為薪酬談判的依據。當手上拿著由獵頭公司或專業諮詢公司出具的「薪酬評估報告」時，談判的底氣當然不同；可以提出一個合乎行情的範圍。

要瞭解清楚「底薪」、「全薪」等的差別以及公司的薪酬架構，比如有的公司雖然月薪不高，但一年固定發十四個月薪水，每年會視業績發放紅利、股票等。因此不要單純地考慮月薪的多寡。

同時，談判還有兩點禁忌是一定要注意的。

一、不要用自己的能力威脅公司

無論什麼環境下，我們都要明白，你的價值再大，也大不過集體，你的能力再強，假以時日也總有能夠替換你的人。如果你只是單純地用自己的能力來作為加薪談判的籌碼，甚至還威脅公司「不給我加薪，我就跳槽」，這種心態一旦確定，那麼無論你在什麼地方，都會讓人質疑你的人品。

實際上，只有少數能力極高的人才能成為公司頂端的不可替代者，普通情況下，公司並沒有義務一定要答應你什麼。因為一個員工如果要求工資翻倍的話，這是對公司體系的一個挑戰。老闆或許希望你留下，這是一種友好的信號，但並不意味著你能夠以此來要脅。

二、不要直接越級和老闆談薪水

很多時候，你根本就沒有必要和老闆直接談薪水，因為最瞭解你的表現和能力的人，是你所在部門的主管。主管對你工作的滿意度就可能影響到你調薪的程度和成敗。

金錢的數目反映了對方滿意的程度，金錢的數目是業績的依據，是用來衡量成功與否的準則之一。若是你跟老闆說：「替你這笨蛋工作，每天面對著許多無聊的事，你必須給我加薪。」後果必然不堪設想。但是為了配合需求，應該簡潔地說：「老闆，我需要加薪。」簡單的資訊不僅輕鬆愉快，並且使老闆搭著你的肩膀說：「我喜歡有野心的人，好好做，我們一起前進。」有些人自小就被迫接受圍著金錢打轉的話題，甚至強迫地接受一種觀念，個人最喜歡的顏色應該是百元大鈔的顏色。當你聆聽他人的對話時，會覺得他們簡直就是鈔票的化身。但你若認為談判只是為了錢的話，那你就錯了。

不可以透過言談或者外表來判斷一個人，誠然賺錢是所需要的目標之一，卻只是許多需求中的一種。若是忽略了金錢以外的需求，便不能使對方都滿意。

辭退員工的談判技巧

辭退員工是任何一家公司必然會面對的事情，由此引申出的辭退員工的談話也是HR最頭疼但又不得不面對的環節。如果HR處理不好，既會影響企業的正常發展，又會對HR工作穩定產生影響，更有甚者，如果碰到員工有對抗情緒，很有可能發生暴力事件甚至是集體衝突，對勞資雙方均不利，所以談判技巧顯得至關重要。

而這種談判一般我們可以將其分為三個階段——前期，中期，後期。在這三個階段裡面，我們還有需要注意的各種事宜：

前期：前期的準備工作十分重要，各類細節因素的影響不僅能夠展示出一個合格談判者的素質，也能夠表現出對對方的尊重。

時間——研究顯示，人類注意力比較集中的時間段是在上午十點~十一點，這段時間精神狀態較為亢奮、工作效率比較高，而到了下午一點到兩點，是最為疲憊的時候，精神上較為平緩。從這一點來看，選擇後者對欲辭退員工的談判方來說是有利的。因為這個時候，對方的衝擊性會稍微降低，能夠出現較為和緩的反應。而我們的談判時間也不應過長，應該控制在三十分鐘以內，否則，有可能加強對方的煩躁感。還有一個細節就是，儘量不要選擇對對方有特殊意義的日子，生日、節日之類的，因為，當你的這個壞消息衝擊到對方的好日子，對方的情緒反應可能會意外的強烈。

地點——從心理學的角度來說，環境會對人的情緒產生一定的影響。比如，在咖啡廳、電影院，我們的情緒非常的放鬆、安逸；但是，當我們到了醫院之類比較肅穆的地方就會顯得拘謹；在空曠的場地上，我們會覺得心胸開闊；而在擁擠的環境中，我們會更為煩躁不安。所以，當我們選擇談判地點的時候，儘量選擇空間較為開闊，視線寬廣，空氣流通好，陽光充足並且安靜的地方。比如，有明亮落地窗的辦公室之類的。

心態和資料——心態上來說最重要的是協力廠商的立場。也就是說，你既不能站在老闆的立場來藏私，也不能過於同情辭退對象。你要做的是一次客觀的談判。同時，還需要保持尊重的心態。無論對方是因為什麼原因被辭退，你都應該保持尊重，這也包括良好的儀容、得體的言談，等等。而你需要準備的資料則包括員工資料、錄音筆、紙筆、解除合約的合約等。

中期：良好的開端能夠營造和平的氛圍，有益於談判。比如，開場白你可以說一些比較輕鬆的話題（聊聊最近的生活狀態、家人的情況等），比較容易建立初步的信任感。但當我們向對方說明辭退的意圖的時候，從心理上來說，多數人都會產生抵觸的情緒，而我們在談判過程中，對待不同反應的人，也應該採取不同的應對措施。

反應較為激烈的人——對於這類人，我們首先要保持冷靜，然後也要引導對方冷靜下來。在雙方能夠冷靜對話的時候，你要將公司的制度、對方出現的客觀問題和事實，以及公司對這次辭退的慎重和遺憾都表現出來。如果對方不能冷靜下來，甚至有過激言行，那麼你完全可以採用適當的合理手段予以制止。

反應較為平和的人——此時，對方可能表現得呆滯、無語，那麼，這時，我們的主要任務就是讓對方能夠說話。只有當對方再對你說的話有反應，並且有回應時，你們的談判才能夠正常地進行下去。

後期：在這一階段，簽下了解除勞動合約的協議後，我們也要給對方留一份體面和尊重，畢竟，還需要建立和諧的關係和氛圍；而對於一時無法接受而拒絕解約的人，我們用有合理的方式予以處理。

在這個階段，因為對方可能已經接受了公司的決定，所以，情緒一定十分沮喪。這個時候，我們要讓對方體面地離開，比如，讓其有理由主動提出辭職，而不是辭退。如果條件允許的話，我們還可以為其做好下一步的打算，比如，適當的工作去處的指導等。

♞

辭退員工的談判在某種立場上來說，是有些尷尬的，畢竟這種談判對員工心理上的考慮要更為全面。雙方不是為了建立一種交易而進行談判，而是為了解除一種交易，但是，還必須考慮到之後的長久的關係和平。

說服孩子是一個艱難的過程

和孩子打過交道的人自然都知道，孩子和成人的思維方式和語言表達是不同的。這樣，當我們想要和孩子進行某種談判的時候，比如，說服他養成一種好習慣，或者對方做錯的時候予以糾正，等等。年齡的差異性，註定了說服孩子的過程需要更多的耐心和技巧。

孩子有自己的世界，他的理解可能和你的截然不同，他們的是非觀、價值觀還沒有完全趨向成人，他們有自己的理念和情緒。當你向他們灌輸一個觀點的時候，他可能會反對——「不！不是這樣的！」他也有可能會迷惑——「我不懂，為什麼會是這樣的呢！」而這個時候，就需要你花時間去引導他。

比如，小湯瑪斯朝教室樓下扔了一個空牛奶盒，正巧打在樓下一位學生的身上。一向嚴肅的校長知道這件事後，把小湯瑪斯叫到了辦公室，打算好好「教育」他一番。

「你知道嗎，你這種行為將引起十分嚴重的後果！」

「對不起，校長，我錯了，以後我不會再這麼做了。」

「你要知道，這一次如果不是紙盒的話，你有可能鑄成大錯！你必須要反省！」

「……知道了。」

「在這件事上，你必須要向對方道歉，你必須要徹底糾正你這個亂扔東西的毛病，要不然，總有一天你會害死你自己的……」之後，是校長沒完沒了的指責。

終於，小湯瑪斯爆發了，「你到底想要怎麼樣！我已經知道自己錯了！你還想怎麼樣！」

我們可以看到，校長的目的本來是想要勸告，但言辭之中只有重複的責備和對嚴重後果的強調。她無視小湯瑪斯已經產生愧疚感，一味地將自己嚴厲的作風強加給對方，導致小湯瑪斯產生了強烈的情緒反抗。可以說，這個談判是失敗的。而這種因刺激過多、過強或作用時間過久，而引起極不耐煩或逆反心理的現象，被人們稱為「超限效應」。

在現實生活中，特別值得注意的是批評上的超限效應。因為，有些教師或家長在批評孩子之後，總覺得意猶未盡，重複批評，接著還會批評……就這樣一而再、再而三地重複同樣的批評，使孩子極不耐煩，討厭至極。

為什麼這樣的批評會導致厭煩心理、逆反心理呢？第一次挨批評時，孩子的厭煩心理並不太大，但是第二次，往往使厭煩倍增，如果再來個第三次、第四次……那麼批評的累加效應就會不斷增大，孩子的厭煩心理就會以幾何級數增加，說不定因而演變成反抗心理，甚至達到不可收拾的地步。除非是個樂天派或個性特殊的人，否則，一旦遭到批評，總需要一段時間才能恢復心理平衡。

遭到重複批評的時候，孩子的反抗心理就會高亢起來，會在心裡嘀咕：「怎麼如此不信任我呢？」這樣一來，孩子的心情就無法恢復平衡。可見，教師與家長對於批評不能超度、超量。

為避免超限效應在批評中出現，應切記：孩子犯一次錯，一般只批評一次。千萬不要對孩子的同一件錯事，重複同樣的批評。如果問題嚴重一定要再次批評，但也不要像鸚鵡學舌那樣，簡單地重複，應該換個角度進行批評。這樣，孩子也不會覺得同樣的錯誤被「窮追不捨」，厭煩心理、反抗心理就會隨之減弱。

同時，與強制孩子做某件事相比，我們發現找到孩子的興趣點，適當為難一下他們，然後和他們做相應的條件交換，和他們談判，能起到很好的效果。一位研究兒童教育的專家說過，當他的孩子要求買玩具時，他不是馬上答應，而是要求孩子給他說幾個買玩具的理由，如果合理他就給孩子買。

對孩子而言，買玩具是他的一大興趣點，那位專家抓住孩子的興趣點，讓孩子說出買玩具的理由，意在培養孩子的思考、表達能力。其實，那位專家也是在和孩子談判。

我們要明白，和孩子進行談判，耐心是必需的。所以，你首先要控制好自己的情緒，你需要保持冷靜，然後才能夠思考出正確的應對孩子的有效策略。這就意味著，你必須要忍耐，忍耐孩子給你帶來的吵吵嚷嚷，忍耐孩子的激烈反抗。你必須要在和孩子對話的時候設置底線，否則，你就很難有所堅持。

在說服孩子的過程中，你要清楚對方想要的是什麼，還有你自己手裡都握有什麼籌碼，你有什麼理由，或者說你憑藉什麼讓孩子能夠聽你的，按照你說的來做。

♞ 當孩子因迷惑而不知如何選擇的時候，輪到你出馬了。你應該適當地提供幾個選擇的方案，然後讓他選擇一個最佳方案，達成協議。這個時候，你甚至可以為了讓孩子能夠遵守協議，用書面的形式表現出來，讓談判有理有據。

如何乾脆又不傷人地拒絕求愛

「蘿絲，我愛妳！」

「親愛的，如果你照照鏡子，你就不會這麼說了！」

無論在什麼情況下，這句話都是傷人的，對方對你付出了愛意，也期望從你身上獲得等價的情感——我愛你，你也愛我吧！不過當這種平衡不能成立時——假如愛你的人並不是你的意中人，或者你一點也不喜歡他，你可能會產生困擾甚至反感，這份你並不需要的愛就成了你的精神負擔。

然而，為了之後的長久人際關係的建立，你既要讓對方明白你的拒絕，也必須最大範圍地減小對對方的傷害。最關鍵的是看你怎樣拒絕，如果拒絕得恰到好處，對雙方都是一種解脫，也可以免去許多麻煩。

如果你不講方式，不能恰到好處地拒絕別人求愛，你就可能犯錯誤，不但傷害他人，說不定也會危害自己。我們可以來對比一下下面兩段對話。

對話A

比利：「羅娜，其實，這麼久以來，我都覺得妳是一個很好的女孩，妳知道的，其實，我對妳是有好感的。如果可以的話，我希望能夠和妳建立一段超越友情的關係。」

羅娜：「比利，親愛的，真的很感謝你今天對我說這一番話。我真的很喜歡和你在一起的感覺——作為朋友，我們有共同的興趣愛好，我們喜歡去同樣的電影院，你知道我愛吃花生醬，我知道你喜歡黑色的領帶……但是，比利，我想這種過於熟悉的感覺，讓我寧願和你做好朋友，而不是男女朋友。」

比利：「羅娜，妳可以先別拒絕我嗎？我想讓妳好好想一想，或許我們可以呢？」

羅娜：「比利，我很珍惜和你在一起的感覺，非常珍惜。它讓我非常舒服，沒有壓力。可是，我知道，這不是愛。這種感覺就像我喜歡和我的小侄兒查理斯一起玩，和我的媽媽一起逛街一樣，那種……那種生活化的味道。」

比利：「（自嘲地笑）是嗎？呵呵。」

羅娜：「比利，我今天是拒絕了你的愛意，但並不是拒絕了我們的友誼。我知道今天說的話一定會傷害到你，但我想讓你知道，這並非我願。我想你明白，每個人都會有自己的另一半，或許今天你認為是我，但等你在未來的某個時間再遇到那個正確的人時，你或許會明白，今天只是你生命中的一個插曲。」

比利：「呵呵，羅娜，我不知道妳還能這麼詩意。」

羅娜：「哦！看來你還不瞭解我！呵呵。」

比利：「謝謝你，羅娜。」

羅娜：「比利，親愛的，我們是好朋友，不是嗎？」

對話B

比利：「羅娜，其實，這麼久以來，我都覺得妳是一個很好的女孩，妳知道的，其實，我對妳是有好感的。如果可以的話，我希望能夠和妳建立一段超越友情的關係。」

羅娜：「比利，你別這樣，我覺得我們還是做朋友吧！」

比利：「為什麼？我覺得我夠瞭解妳，妳也說過妳很喜歡和我在一起的感覺！」

羅娜：「比利，我是說過，但那僅僅是作為朋友。你當時難道沒有聽出我話裡的意思嗎？我那個時候就知道你對我的感覺，其實在這期間我已經暗示了你很多回——我們做朋友吧，朋友，僅僅是朋友，難道我表現得還不夠明顯嗎？」

比利：「羅娜，別這樣絕情，給我一個機會，或許妳會對我有不一樣的感覺？」

羅娜：「不會的，比利，我過去對你沒有感覺，現在也沒有，將來更不會有。我們做朋友不好嗎？為什麼你非要破壞這份友情呢？」

比利：「可是我不想僅僅只是妳的朋友，這太痛苦了！」

羅娜：「可以你現在把話說出來了，除了讓我們兩個人都痛苦外，又有什麼意義呢？」

比利：「羅娜……（痛苦地抱住頭）」

羅娜：「夠了！我不想和你再說什麼了！比利，你自己好好想想吧。再見！（歎氣，煩惱地走開。）」

這兩段話，無論從語言技巧還是後期的人際關係建立上來說，第一段都占十分明顯的優勢，羅娜既拒絕了好友的示愛，又挽回了兩人的友誼。而後一段，很明顯，兩人的關係趨向破裂。

我們來分析一下第一段對話，我們姑且稱之為「拒愛談判」。羅娜在整個過程當中，一直都是處於拒絕的立場，但是她沒有將這種態度以惡意的情緒表現出來。她一直在肯定比利的好處，其實是在暗示對方──我今天對你的拒絕並不是因為你不夠好，而是我們之間的感覺不對；你的好會讓你遇到真正的另一半。這是一種積極的心理暗示，同時還有緩和對方消極情緒的功效。

羅娜也在對話過程中向比利傳遞一種資訊──「哪怕當不了情人，我們仍然是好朋友，時間會讓這一切都變得理所當然。」羅娜站在比利的立場上，讓自己的拒絕逐漸順理成章。

面對這種情況的時候，我們要怎樣像羅娜一樣處理好整個場面呢？

要直言相告，以免產生誤會。你若已有意中人，又遇求愛者，那麼就明確地告訴對方，你已有愛人，請他另選別人，而且一定要表明你很愛自己的戀人。同時，切忌向求愛者炫耀自己戀人的優點、長處，以免傷害對方的自尊心。倘若你認為自己年齡尚小，不想考慮個人的戀愛問題，那就講明情況，好言勸解對方。

對自尊心較強的男性和羞澀心理較重的女性，適合委婉、間接地拒絕。因為有這類心理的人，往往是克服了極大的心理障礙，鼓足勇氣才說出自己的感情，一旦遭到斷然的拒絕，很容易感覺到受傷害，甚至痛不欲生，或者採取極端的手段，以平衡自己受傷的感情。

因此拒絕他們的求愛，態度一定要真誠，言語也要十分小心。你可以告訴他（她）你的感受，讓他（她）明白你只把他（她）當朋友，你希望你們的關係能保持在這一層面上，你不願意傷害他（她），也不會對別人說出你們的祕密。

「我覺得我們的性格差異太大，恐怕不合適。」

「妳是個可愛的女孩，許多人喜歡妳，妳一定會找到合適的人。」

「你是個很好的男人，我很尊重你，我們做普通朋友吧！」

「我父母不希望我這麼早談戀愛，我不想傷他們的心。」

如果對方沒有直接示愛，只是用言行含蓄地暗示他們的感情，那麼，你也可以採取同樣的辦法，用暗含拒絕的語言，用適當的冷淡或疏遠來讓他（她）明白你的心思。

♞

要記住，拒絕別人時千萬不要直接指出或攻擊對方的缺點或弱點，因為你覺得是缺點或弱點的東西，某些人也許並不認為是缺點。所以，不能以「對方不如自己」的優越感來拒絕對方。

罪犯也是活生生的人

在我們的生活中，有時候會遇到一些特殊情況，尤其是對於那種因各種原由被逼無奈做出某些極端行為的人。這時，經典的談判技巧，能夠說服對方，並使自己獲救。你不一定要把自己訓練成談判專家，你不一定要懂得多少語言技巧，因為這個時候你要切記，只要情況允許，你更多的不是做一些觸怒對方的事情，而是和對方建立一種微妙的信任感。

我們可以來看看下面這個案例，看過之後你會明白，哪怕是到了這樣的特殊情況下，不要輕易地將對方（尤其是有苦衷的人）視作一件兇器，而是應該將他（她）看作是一個活生生的人。

二〇〇五年三月的一個早上，美國的一名二十六歲女性阿什利・史密斯被一個叫作布萊恩・尼克爾斯的男子用一把槍頂住頭頂劫持了。

「知道我是誰嗎？」

「是的，我知道。但是請你不要傷害我，我還有一個五歲的女兒。」

這個男人是犯下了殺人罪的逃犯。

「我不想傷害妳，我不想傷害任何人。但妳剛才的尖叫或許已經招人起疑了，他們或許已經報警了。那我就不得不殺了妳和許多無辜的人。我並不想這麼做。」

「好吧，我會照你說的做。」她沒有反抗，安靜地任對方把自己綁起來，當布萊恩在她家洗澡的時候，她開始思考，她認為自己必須取得劫持者的信任，不做任何刺激他的事情。她決定要認識他，瞭解他的想法，和這麼做的目的。

布萊恩洗完澡後，看見阿什利很配合，覺得她應該是可以信任的，就給她鬆了綁，兩個人開始聊了起來。

兩個人聊到了阿什利的女兒，她告訴他下午還得去接女兒，詢問是否可以，布萊恩當然拒絕了。之後兩人去了臥室，阿什利說是否可以為他朗讀一些東西，他同意了，她就拿出那本《目的驅動生活》。阿什利在儘量幫布萊恩找回平靜。

布萊恩被書中的一句話觸動了——「上帝值得你為他做到最好。他總是有目的地塑造你，他正期待著你好好利用他給你的一切……」

之後，兩人談論起了生活、信仰和選擇。阿什利坦然地訴說著自己生活的艱辛——她失去的丈夫，和她可愛的女兒，以及她所犯下的錯誤。她試探著打聽布萊恩的家庭背景，她瞭解到對方在殺人犯罪時的複雜情感，他理所當然卻又充滿愧疚。

他說，「看看我，看我的眼睛，我已經是一個死人了。」而阿什利卻堅定地說，「你沒死，你正活生生地在我眼前，當然，如果你想死，這也是你自己的選擇。」

布萊恩之前偷了一輛車，現在他要棄車，他用的是阿什利的車，他們一同出去。她沒有逃跑、沒有喊叫、沒有報警。之後他們回家，她給他做了吃的，布萊恩很感動，這時他們的信任已經完全建立了。

在這之後，阿什利勸布萊恩去自首，他答應了。阿什利要出門去接女兒，她問他是否可以幫忙掛一下窗簾。他微笑著說：「樂意之至。」一小時後，布萊恩被捕，他沒有任何抵抗。

從這裡我們可以看出，這種談判是更加無形地信任性影響，感受到了對方與自己之間沒有心理隔閡或者障礙，那麼就表示在某種程度上對交流對象有一定的認可，同時，對其話語中的信任度也就相應升高。那麼，說服力度自然也就相應地加大。

所以，我們在進行說服的過程時，不要只知道一味地「糾正」別人的觀點，我們可以先營造和諧並充滿信任感的氛圍，讓對方對自己先產生信任，只要把這種信任感抓在手中，之後的步驟就相對地好把握了。看來，縮短心理距離，以此獲得信任感，是進行有效說服的第一步。

那麼，我們在說服他人的過程中，要怎樣才能做到縮短彼此的心理距離呢？

一、尋找共同點，掌握循序漸進原則

在說服中多尋求雙方的共同點，以此加深共鳴和感召力。另一方面，還要避免犯交淺言深的毛病。即剛開始與對方交談時，不可要求彼此有深入的溝通，而要逐步深入，否則，這種急功近利的態度或許會讓被說服者感覺我們說話沒有誠意。我們要帶著對方的想法和思維，一步一步拉近我們的「陷阱」。

二、多用認可，讓對方放鬆警惕

我們一定要明白一個道理，說服對方不代表反駁對方的一切，有的時候，我們也可以給對方一些讚美，強調對方的一些優勢，對於這種正面的話語，大多數人都不會從心裡排斥。這種「認可」一旦產生，被說服者對我們之後要說的話就不會產生過於強烈的抵抗心理。

三、說服交談時要留有餘地，不演獨角戲

很多人以為說服別人就是一味地表達自己的觀點和想法，用言辭上的優勢去打擊對方，其實，這種方式表現出來的強制性很大，很容易讓對方反彈出更大的情緒反感。所以，在與說服對象交談的時候，不要總是自己一個人侃侃而談，要多留一些空缺讓對方介面，使對方覺得與自己之間有一種無形的互動，讓其感覺交談是和諧的，這樣也可以適當縮短距離。

四、多稱呼對方的名字

從心理學上來講，人們對於自己的名字往往都有特別的親切感，當別人以親切的口吻稱呼自己的名字時，我們會覺得非常溫馨，會產生特別的親近效果。而且被稱呼的次數越多，越有可能對對方產生好感。由此可見，親切地稱呼對方的名字，也是打開戒備心理之門的有效鑰匙。

♞ 看準情勢，不放過應當說話的機會，適時插話，適時地「自我表現」，能讓對方充分瞭解自己。這樣，可以讓說服對象知道，我們不是一味在探討他的隱私，這種適當的自我暴露，也會有效地縮短彼此之間的心理距離，讓對方適當減小一些心理壓力。

社會大學 38

關鍵說話術：成為談判高手必學的白金法則

編著：任琦軒
出版者：大拓文化事業有限公司
執行編輯：林秀如
封面設計：林鈺恆
內文排版：姚恩涵
總經銷：永續圖書有限公司
劃撥帳號：18669219
地址：22103 新北市汐止區大同路三段一九十四號九樓之一
TEL （○二）八六四七—三六六三
FAX （○二）八六四七—三六六○
E-mail yungjiuh@ms45.hinet.net
網址 www.foreverbooks.com.tw
法律顧問：方圓法律事務所 涂成樞律師
出版日◇ 二○二一年五月

國家圖書館出版品預行編目資料

關鍵說話術：成為談判高手必學的白金法則 / 任琦軒編著. -- 一版. -- 新北市：大拓文化事業有限公司, 民110.05　面；　公分. -- (社會大學；38)
ISBN 978-986-411-138-1(平裝)
1.談判 2.談判策略
177.4　　110003689

TALENT

大大的享受拓展視野的好選擇

謝謝您購買 **關鍵說話術：成為談判高手必學的白金法則** 這本書！

即日起，詳細填寫本卡各欄，對折免貼郵票寄回，我們每月將抽出一百名回函讀者寄出精美禮物，並享有生日當月購書優惠！

想知道更多更即時的消息，歡迎加入"永續圖書粉絲團"

您也可以利用以下傳真或是掃描圖檔寄回本公司信箱，謝謝。

傳真電話：（02）8647-3660　　信箱：yungjiuh@ms45.hinet.net

☺ 姓名：＿＿＿＿＿＿＿＿　□男　□女　　□單身　□已婚

☺ 生日：＿＿＿＿＿＿＿＿　□非會員　　□已是會員

☺ E-Mail：＿＿＿＿＿＿＿＿　電話：（　）＿＿＿＿

☺ 地址：＿＿＿＿＿＿＿＿＿＿＿＿＿＿＿＿

☺ 學歷：□高中及以下　□專科或大學　□研究所以上　□其他＿＿＿

☺ 職業：□學生　□資訊　□製造　□行銷　□服務　□金融

　　　　□傳播　□公教　□軍警　□自由　□家管　□其他＿＿＿

☺ 您購買此書的原因：□書名　□作者　□內容　□封面　□其他＿＿＿

☺ 您購買此書地點：＿＿＿＿＿＿＿＿　金額：＿＿＿＿

☺ 建議改進：□內容　□封面　□版面設計　□其他＿＿＿

您的建議：＿＿＿＿＿＿＿＿＿＿＿＿＿＿＿＿

新北市汐止區大同路三段一九四號九樓之一

大拓文化事業有限公司收

請沿此虛線對折免貼郵票，以膠帶黏貼後寄回，謝謝！

想知道大拓文化的文字有何種魔力嗎？

- 請至鄰近各大書店洽詢選購。
- 永續圖書網，24小時訂購服務
  www.foreverbooks.com.tw
  免費加入會員，享有優惠折扣
- 郵政劃撥訂購：
  服務專線：(02)8647-3663
  郵政劃撥帳號：18669219